# 塀の中のおばあさん

## 女性刑務所、刑罰とケアの狭間で

猪熊律子



角川新書

# はじめに――女性たちはなぜ塀の中へ

一瞬、耳を疑った。

「刑務所に入って、人間関係が広がった」

確かにそう聞こえたからだ。

その前後にはこんな言葉もあった。

「ここでの生活が本当に嬉《うれ》しい」

「こんなことといったらあれだけど、刑務所にいるほうが気持ちもすごく楽」

発言の主は30代の女性。

アイドルのように愛らしい顔立ちは、化粧っ気がないせいか、10代後半といっていいほど幼く見える。小柄で、ピンク色の作業着から出た手足はほっそりとしている。

ここは東京都内にある医療刑務所。医療体制が整っており、一般の刑務所では治療が難しいと判断された受刑者が治療に専念するためにここにやってくる。２０２０年11月、刑務所の中にある診察室で、女性と担当医のやり取りを間近で聞かせてもらった。

窃盗の累犯者である彼女の場合、摂食障害の治療が必要ということで、一般刑務所から送られてきた。摂食障害とは、体重や体形へのこだわりやストレスなどから、正常な食生活を送ることができなくなる精神疾患をいう。極端な食事制限（拒食症）や、過度な量の食事摂取（過食症）などが見られ、過食症には嘔吐《おうと》を伴うことが多い。

女性は10代半ばから摂食障害となり、拒食や、過食・嘔吐を繰り返した。過食を何度もするためには大量の食料が要る。それが万引きという犯罪につながった。

「この順番で食料品を盗まなければならない」という強迫的な症状もあり、精神科の病院に入院したこともある。

幼少期から、何をいっても、何をやっても、父親から「おまえはだめな人間だ」といわれ、「息ができない」子供時代を送った。よほどつらい思いをしてきたのだろう。それが冒頭の言葉となって表れたかたちだ。

しかし、それにしても、である。

刑務所に来たほうが「嬉しく」て、「広がる人間関係」とは何なのだろう？

そんなにも塀の外での生活はつらく、苦しいものだったということなのだろうか？

確かに、屋根があって雨露をしのげ、1日三度の食事が出る刑務所は、ホームレスの生活より楽だと、意図的に罪を犯す者はいる。しかし、24時間365日監視下に置かれ、好きなときに好きなものを食べたり、寝転がったりすることもままならない、自由を奪われる場所が刑務所である。

それが果たして、「嬉しく」て、「気持ちが楽」な場所になり得るのだろうか？

## 社会におったら、独りでポツンとする

「それでも、ここのほうが過ごしやすいという人たちがいます。社会におったら、独りでポツンとする。ここなら刑務官に声をかけてもらえるし」

2018年11月。岐阜県の女性刑務所を訪れたとき、ベテランの刑務官がそういっていたのを思い出す。女性刑務所とは、女性受刑者が入る刑務所（法務省「犯罪白書」では「女性刑事施設」と記述）のことで、このときは、主に高齢の女性受刑者を取材していた。

なぜ高齢の女性受刑者を取材していたかといえば、塀の中に入る高齢女性の割合が増えており、その理由を知りたいと思ったからである。

刑務所に新規に入る受刑者数（男女計）は最近大きく減少しているものの、受刑者全体に占める女性受刑者の割合は戦後から増え続け、今や1割。中でも伸びが著しいのが65歳以上

の女性だ。今では女性受刑者全体の約2割を占める。これは男性受刑者における高齢男性受刑者の割合（約12％）と比べても高い。

「塀の中のおばあさん」が増えるということは、刑務所が「福祉施設化」することを意味する。高齢になると、認知症になったり、足腰が動かしにくくなったり、介護が必要になったりする受刑者が増えるためだ。

しかし、やはりそれにしても、である。70代や80代など、人生の集大成ともいえる時期の女性たちが、暑さ寒さが厳しく、老いた体でなくとも決して居心地がよいとはいえない塀の中に来るのはなぜなのだろうか？

## 繰り返す「負の回転扉」

女性の犯罪は「窃盗」と「覚醒剤《かくせいざい》取締法違反」の二つで8割以上を占める。これらの罪を犯す受刑者は「これが三度目」「五度目」など、累犯が多い。何度も罪を犯し、繰り返し刑務所に来ることを、現場では「負の回転扉」と呼ぶと聞いた。

実刑を受け、刑務所に来る前には罰金刑や執行猶予など、いくつもの段階があったはずである。それでも繰り返し罪を犯し、「負の回転扉」にはまってしまう女性が多いのは、一体、なぜなのだろう？

こうした数々の「なぜ」の原因や背景を探りたいというのが、本書の狙いである。

２００９年に福島市内の女性刑務所を訪れたのが刑務所取材の始まりだ。

２０１７年にその刑務所を再訪したほか、２０１８年から２０２０年にかけて、全国に11ある女性刑務所のうち３か所で密着取材をした。

医療刑務所でも、女性受刑者の様子を取材した。

２０２２年には、刑務所を出た後の生活や気持ちを知りたいと、元受刑者のインタビューも実施した。

塀の中は知らないことだらけ、驚くことばかりだった。

本書は、女性受刑者や、そこで働く職員の「声」を伝えることを主眼としている。そこには、私たちがふだん暮らしている「一般社会」の何が映し出されているのか――。それを探る旅にお付き合いいただけたら嬉しい。

目次

## 第3章　覚醒剤にはまる女性たち

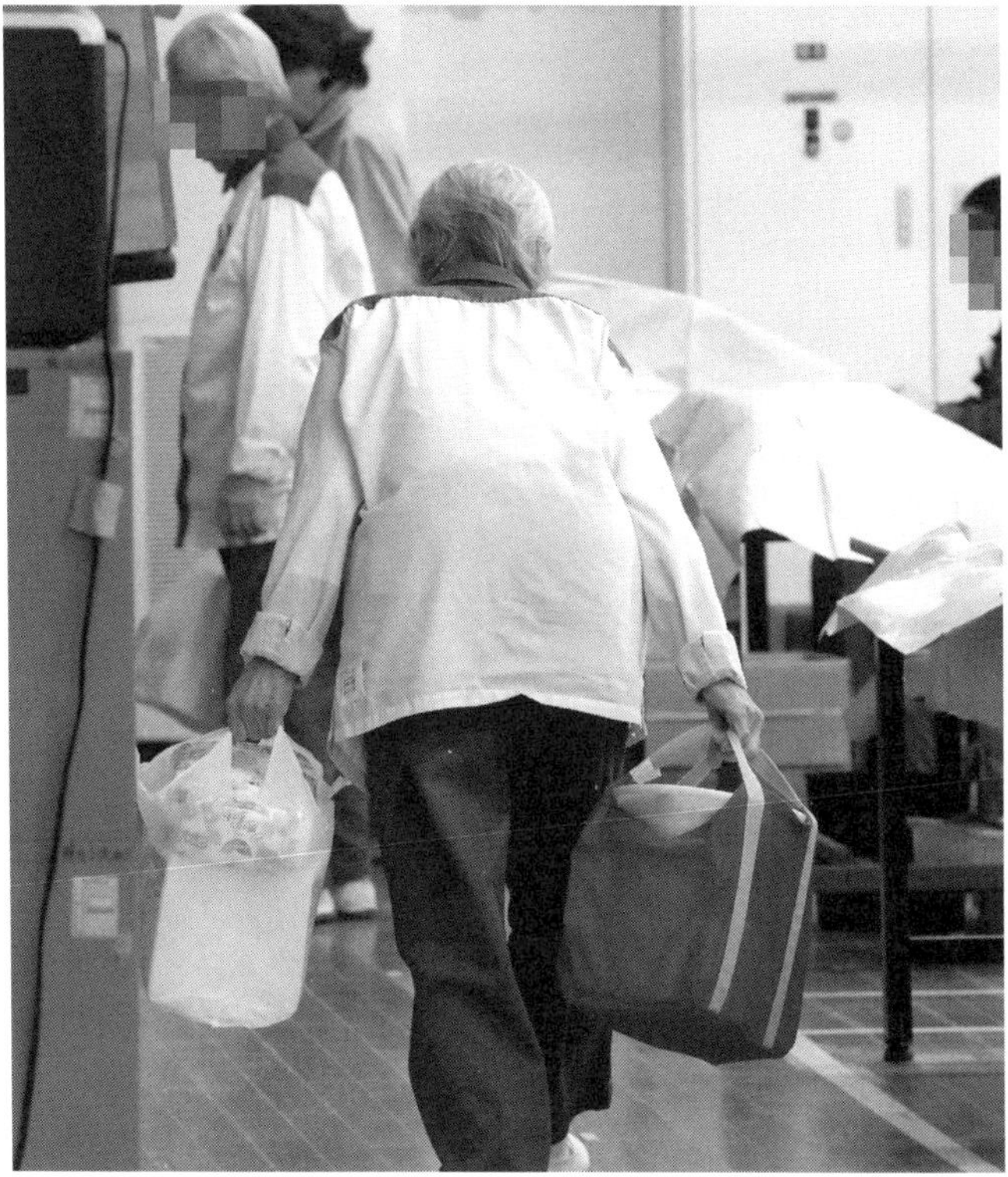

写真：読売新聞社

1日の刑務作業を終え、紙おむつなどを手に工場を出る受刑者
（写真の一部を加工しています）

作図　エヴリ・シンク

# 序　章　女性刑務所の実態

## 零時過ぎ、扉の中

刑務所内がしんと静まり返った深夜零時過ぎ。12畳ほどの畳敷きの部屋に足を踏み入れ、受刑者が着ているのと同じベージュ色の就寝用のパジャマに着替えた。

ここは岐阜県笠松《かさまつ》町にある「笠松刑務所」。全国に11ある女性刑務所（栃木刑務所、笠松刑務所、和歌山刑務所、岩国《いわくに》刑務所、麓《ふもと》刑務所、札幌刑務支所、福島刑務支所、豊橋《とよはし》刑務支所、西条《さいじょう》刑務支所、加古川《かこがわ》刑務所女性収容棟、美祢《みね》社会復帰促進センター女性収容棟）のひとつだ。２０１８年11月半ばに取材で訪れた際、密着取材の一環として一時的に、受刑者が暮らす相部屋のうち、空いている部屋に入れてもらった。

「それでは扉を閉めますね」

廊下に立つ職員がわざわざそう告げてくれたにもかかわらず、モスグリーン色の扉が閉まると、「あ、閉じ込められた！」との思いが募り、思わず扉に駆け寄った。しかし、普通ならあるはずの扉の取っ手がない。あるのは、扉中央にある縦型の小さな窓だけで、両手で扉の表面をまさぐっても、目の前には凹凸のない平らな面があるばかり。

「閉じこめられた感」が一層漂う。

もう自分では部屋の出入りができなくなったのだと思いつつ、畳敷きの部屋を振り返る。

刑務所には単独室もあるが、ここは定員6人の共同室だ。長方形の部屋の両側の壁には、個人用の小さな戸棚がそれぞれ備え付けられており、戸棚の下にはハンガーがぶら下がっている。

笠松刑務所に着いたとき、受刑者が部屋に持ち込める荷物の量は決められていて、それ以外の私物は、出所まで「領置倉庫」と呼ばれる部屋に預けなければならないとの説明を受けた。受刑者が寝泊まりする部屋に持ち込めるのは、保管袋一個に入る身の回り品だけ。保管袋は60リットルだから、一般的なゴミ袋のサイズ（45リットル）よりもう少したくさん入る量といえる。先ほど説明した個人用の木製の小さな棚には、洗面用具や本などを置くことが多いようだ。

ドアの小さな窓から、部屋の外の廊下を歩く刑務官の姿が見える。

部屋の中から見て、ドアの左側には、鉄格子付きの小さな窓があった。「食器口《しょっきこう》」と呼ばれる。受刑者は通常、朝食と夕食は部屋で食べる。その際、この小さな窓から食事を受け取ることになる。

「食器口」とドアを挟んで反対側の部屋の隅には、テレビが置かれていた。夕食後、就寝時間である午後9時までのあいだ、受刑者は好きなチャンネルを見ることができるという。

部屋の奥の片隅には、壁で囲われた小さな部屋があった。ドアを開けて入ると、そこにあったのは洋室トイレの便器だ。中に入ってドアを閉め、服を脱いで便座にしゃがんでみる。目の前のドアにも、脇の壁にも窓があり、同室者が近くに来てのぞき込んだら、これは丸見えになってしまうな、と思う。

トイレを出てすぐのところには洗面台があり、洗面台の奥には窓がある。「11月半ばにしてはそれほど寒くない」と聞かされたものの、それでも夜になると寒気が押し寄せる。外気は5度から10度ぐらいか。パジャマの上に着るオレンジ色のスエットが支給されているのはありがたいが、それでもしんしんと冷えてくる。

暖をとるために布団の中に潜り込む。寒いので、靴下は履いたまま。布団を頭までかぶろうとして手を止めた。「首から上は出しておかなければいけない」という決まりを思い出したからだ。夜間、巡回する刑務官が異変にすぐ気づけるよう、受刑者は就寝中、布団から顔を出しておくことになっている。

少し眠ってみようと思ったが、天井の蛍光灯が明るくてなかなか寝つけない。夜間は照明を半分に落とすと聞いたものの、それでも明るい。おまけに、廊下を巡回する刑務官のことが気になって仕方ない。逆の立場で、巡回する刑務官の後ろについて、自分が廊下から部屋をのぞき込んでいたときは、これほど外からの視線が気になるとは思わなかった。

## 刑務所での1日

眠れないまま、自分が受刑者になって一定期間、ここで過ごさなければならないとしたらどんなだろうと想像してみた。

まず、寒がりの自分は、冬の服役はとてもやっていけないのでは、心身にひどくこたえるだろうと思った。官費で支給される下着や靴下はあるが、それよりたくさんのものを身につけたければ私費で購入するしかない。しかし、服役するような事態になったときに、そんな金銭の余裕があるかどうかはわからない。何時に寝て、何時に起きるかを自分で決められない生活に慣れるのも大変そうだ。パソコンやスマートフォンを日常的に使い続けているだけに、自分で時間の管理ができず、インターネットも使えない生活というのは想像がつかない。

新聞社勤めの自分の生活とは異なり、刑務所での生活は大変、規則的だ。

起床は午前6時半。布団を片づけ、洗面や着替えをし、洗濯物を出すなどしているうちに、「点検」と呼ばれる点呼が始まる。午前7時、朝食の時間だ。7時20分には食事を終え、残飯が回収される。部屋の掃除や歯磨き、トイレなどを済ませた後、7時40分には「出寮」。

女性刑務所では、受刑者が寝起きする建物のことを「寮」と呼ぶ。寮を出て向かう先は、同じ敷地内にある「工場」と呼ばれる建物だ。懲役刑を受けた受刑者が平日の昼間、洋裁や木工、溶接などの刑務作業を工場で行う。

午前7時50分、「始業」のチャイムとともに刑務作業が始まり、11時50分に昼食、休憩。12時35分から再び作業を始め、途中、10分間の休憩を挟んで、午後4時45分まで作業が続く。作業の合間に、入浴や運動などの時間がある。

寮に帰った後、午後5時10分から夕食。夕食後は部屋でテレビを見たり、本を読んだり、手紙を書いたりと、思い思いに過ごす。午後9時になると一斉に電気が消されて就寝となる。刑務作業は原則、平日のみ。土日は基本的に自室で過ごす。

## 「何も考えずに過ごせる場所」

こうした刑務所での生活について「屋根つき、三食つき。決められたことを指示通りにやっていればよいので、ある意味、楽。社会できつい仕事をしながら暮らすより、刑務所に入っていたほうがいい」と考える受刑者がいると聞いた。とりわけ「入所希望」が高まるのが正月前で、寒さや雨露をしのげ、「おせち」も味わえる刑務所の中で正月を過ごしたいと、年末近くには犯罪を企てる者が増えるといった話も聞いた。

なるほどと思わないわけでもないが、24時間監視され、自由もプライバシーもない場所にわざわざ来たいとは思えない。友達とのおしゃべりはもちろん、「疲れたからちょっと横になる」という小さな自由さえ許されない世界。無断でやれば懲罰の対象になるような場所に、誰が好きこのんで来たいと思うだろうか。

しかし、一度ならず二度、三度と、何度も塀の中に舞い戻ってくる受刑者がいるというのだから驚く。令和3年版犯罪白書によれば、2020年に刑務所に入った男性のうち、6割近くは再入者（再入者は、2回以上刑務所に入った者をいう）だ。女性の場合、その割合は5割近くに上る。つまり、何度も刑務所に来る「負の回転扉」にはまる人が少なくないということだ。

以前、不当逮捕により、拘置所に約半年間の勾留《こうりゅう》を余儀なくされた元厚生労働事務次官の村木《むらき》厚子《あつこ》さんが、こんなことをいっていたのを思い出した。

「刑務所の怖いところは、管理され続けると、自分の頭で考えるのをやめてしまうこと」

同じような言葉は、受刑者へのインタビューでも聞かれた。初めて刑務所に入った女性受刑者は、取材で刑務所についてどう思うかを尋ねられた際、「決まった時間に起きて、決められた服を着て、出されたものを食べる。何も考えずに過ごせる場所」と話していた。

人の指示通りに生きるのは、確かに楽かもしれない。しかし、それは「これをしたい」「あれをやってみたい」という自らの希望をあきらめに変え、自分らしさを失っていく過程の連続といえるのではなかろうか――。

そんなことを思いつつ、刑務所の一室で過ごしていると、夜勤の交代の時間となり、その様子を見るために布団からごそごそと起き出した。

## 増える高齢女性受刑者

笠松刑務所での様子は第2章でまた触れるとして、ここで、受刑者全体の状況を見ておきたい。

令和3年版犯罪白書によると、2020年に刑務所に入った受刑者（男女計）は1万6620人（男性1万4850人、女性1770人）。人口減少や少子化などの影響もあり、5年連続で戦後最少を更新した。戦後、最も人数が多かったのは1948年の7万727人。平成時代に最も人数が多かったのは2006年で、3万3032人だ。

受刑者を性別で見ると、減少ぶりが著しい男性に比べ、平成期以降、増加や高止まりの傾向が見られるのが女性だ。2020年の女性の受刑者数は1770人。入所受刑者全体に占める割合は10・6％で、戦後初めて10％を超えた。終戦直後の1946年には2・5％、平成元年である1989年には4・2％だった。

女性の中でも増加ぶりが目立つのが、65歳以上の高齢女性だ。女性受刑者全体に占める割合は、１９８９年にはわずか１・９％だったが、今では19％と、ほぼ２割を占める。高齢化の影響が塀の中にも及んでいると考えられるが、この値は、男性受刑者に占める65歳以上の男性の割合（12・２％）と比べても高い。

女性全体で最も多い年齢層は40代で、26・１％と、全体の３割近くを占める。

犯罪の内容はどうか。

男性、女性とも、罪名のトップは「窃盗」で、次が「覚醒剤《かくせいざい》取締法違反」であるのは共通している。両者をあわせた割合が男性受刑者では６割弱なのに対して、女性の場合は８割を超える。窃盗が46・７％、覚醒剤取締法違反が35・７％というのがその内訳だ。

女性で次に多いのが「詐欺」（６・７％）で、以下、「道路交通法違反」（１・９％）、「横領・背任」（１・３％）、「殺人」（１・２％）、「その他」（６・６％）の順となっている。

高齢受刑者の犯罪の内容はどうだろうか。

高齢受刑者全体（男女計）では、罪名は「窃盗」がトップで約６割（59・４％）を占める。次いで「覚醒剤取締法違反」（10・２％）、「道路交通法違反」（６・１％）と続く。

これを男女で比較すると、高齢男性では窃盗が５割程度（53・８％）であるのに対して、高齢女性ではほぼ9割（89％）を占め、高齢女性の犯罪として窃盗が断トツに多いことがうかがえる。窃盗の中でも多いのが「万引き」だ。万引きは通常、微罪とされる。それにもかかわらず刑務所に来るということは、それが何度も繰り返されていることを意味している。

## 認知症の講習を受ける刑務官

ここで、私がそもそもなぜ刑務所の取材をするようになったのか、その理由についても触れておきたい。

きっかけは10年以上前。刑務官全員が認知症の講習を受けた施設があると知ったことだった。そこは福島県にある「福島刑務支所」で、女性受刑者が入る刑務所だった。

認知症は、高齢化が進む日本社会において重要な取材テーマだ。長年、年金や医療、介護、子育てなどの社会保障制度を取材してきた者として、「これは現場を見なければ」と思ったのが始まりだ。

高齢者による犯罪が全国的に増えており、この支所でもその割合が増え、約５５０人中、１００人が60歳以上（２００９年取材当時。60歳以上で統計をとっているとのことだった）。認知症の疑いのある人が増えてきたことから、２００８年末に１００人いる刑務官全員に「認知症サポーター」の講習を受けさせたという。

「認知症サポーター」は、認知症に関する知識と理解をもち、地域や職域で認知症の人や家族に手助けをするボランティアだ。自治体などが養成を手掛け、今ではサポーターの数は全国に1400万人を超える。

支所の中を案内してもらうと、認知症の人がたくさんいたわけではなかったが、高齢化の進行を実感した。驚いたのは、受刑者が暮らす部屋の入り口に「軟」「副食きざみ」「湯」などの札があったことだ。

聞けば「軟」は軟らかい食事のことで、歯が悪く、硬い食べ物が食べられない高齢者には、軟らかいお粥《かゆ》などを用意しているという。「副食きざみ」は、刻み食のおかずのこと。おかずを細かくみじん切りにして食べやすくしている。「湯」は湯たんぽのことで、寒さを訴える高齢の受刑者には湯たんぽを用意しているとのことだった。

もうひとつ驚いたのが、女性の副看守長の次の言葉だ。

「刑を終えて社会に復帰しても、家がない、出迎えてくれる人もいない。ならば刑務所のほうがいいと、何度も戻ってきてしまう高齢者が多い」

犯罪で多いのは万引きなどの窃盗で、経済的困窮はもとより、「寂しかった」などの理由で罪を重ねるケースが目立つとも聞いた。

これは福祉施設や住宅整備が十分でないなど、ハード面の政策の貧しさからくるものなのだろうか。それとも、孤独や孤立など、ソフト面のニーズに対する政策の不十分さからくる結果なのだろうか。刑務所が高齢者の「居場所」になっていいはずがないと、当時、強く思ったのを覚えている。

## 様変わりした「犯罪者」のイメージ

福島を訪れた後、編集局の部長職となり、自分で取材する機会がなかなかなかったが、2017年、編集委員となったのを機に刑務所取材を再開した。高齢の女性受刑者はその後どうなっているのだろうかと、ずっと気になっていたからだ。ほぼ10年ぶりに福島刑務支所を再訪し、その他の女性刑務所も訪れた。

そこでわかったことは、高齢受刑者の割合は増え、刑務所の福祉施設化はますます進んでいるということだった。

刑務所のイメージが、世間一般がもつものと随分様変わりしていることも実感した。一般に、「刑務所」というと、男性、しかも暴力団ややくざなど、屈強で極悪非道な男性が服役しているイメージが強いのではないかと思う。統計を見ると、今から約30年前、1990年には、新規に刑務所に入る受刑者の約4人に1人（24・7％）が暴力団関係者だった。

それがどうだろう、今ではその割合は約25人に1人（4・2％）にまで減っている。反対にこの30年間で割合が増えたのが女性で、受刑者全体の1割を占め、しかも65歳以上の女性が顕著に増えている。男女あわせた65歳以上高齢者の割合は約13％と、約30年前の10倍に増えた。さらに、受刑者全体（男女計）の約2割は知的な障害をもつ可能性が高いともいわれている。「極悪非道な大犯罪人」とはだいぶ異なる印象のデータが並んでいるのが現状だ。

「はじめに」でも触れたが、刑務所に来るまでにはさまざまな段階がある。

令和3年版犯罪白書に掲載された犯罪者処遇の概要（令和2年）によれば、警察などに検挙され、検察庁に新規に受理された約80万人のうち、起訴されたのは約25万人。そのうち裁判所で有罪判決を受けたのは約22万人。そこから刑務所に入ったのは約1・7万人。

日本の司法制度には、できるだけ刑務所に入らせない「起訴猶予」や「執行猶予」などの仕組みがある。それにもかかわらず、最終的に塀の門をくぐってきてしまう人たちがいる。どんな理由で罪を犯し、今、何を思うのか。

第1章以下で、受刑者の「声」とともに、その理由を探っていきたい。

# 第1章　塀の中のおばあさん

序章で触れた通り、高齢受刑者が増えている。人口の高齢化を反映しているとしても、70代や80代の女性たちが、自由やプライバシーが大きく制限され、暑さ寒さも厳しい刑務所にいる姿は奇異に映る。

彼女たちがこの場所に来た理由が知りたくて、2018年11月と2019年1月、岐阜県笠松町にある女性刑務所「笠松刑務所」を訪れた（年齢や肩書はいずれも取材当時。以下、全章同じ）。

## 美容院のある刑務所

名鉄名古屋本線笠松駅から歩いて15分ほど。

笠松刑務所は街なかにある。すぐ近くには中学校があるほか、進学塾の看板なども見える。道路沿いの入り口近くに「笠松刑務所」の文字があるが、あまり目立たない。職員用の官舎が立ち並ぶわきを通ってしばらく歩くと、刑務所の白い建物が見えてきた。刑務所の敷地は白い壁で取り囲まれている。塀の高さは3メートル以上あろうか、しかし、高いという威圧感は全く感じられない。

建物入り口から少し奥まったところに美容院があった。アーチ型のドアに小さく「みどり美容院」と書かれた札がぶら下がっている。聞けば、一般の人が利用できるという。

刑務所の中では、出所時に備えて、様々な職業訓練が実施されている。

ここ笠松刑務所でも「介護福祉科」「客室清掃実務科」「ビルハウスクリーニング科」「ビジネススキル科」など、様々なコースがある。中でも看板コースといえるのが美容師を育成する「美容科」だ。

「60年以上の歴史を持つ職業訓練のコースです。全国各地の刑務所から美容科を希望し、訓練に適すると選ばれた受刑者がここで2年間、訓練に専念します。修了者の大半が美容師の国家試験に合格します。そのうちの１名がこのみどり美容院で地域の方の髪を切ったり、パーマをかけたりします。刑務作業の一環です」と職員が説明する。

「美容科」訓練を早くから始めたこの笠松刑務所が開所したのは、１９４８年。紡績工場などがあった土地の寄付を受け、もともとは「岐阜刑務所主管笠松女子紡績作業場」として始まった。古い刑務所のため、寮の中には部屋の扉に鍵《かぎ》がなく、受刑者が部屋と共同トイレや洗面所の間を行ったり来たりする「開放型」と呼ばれる棟があるのが特徴だ。

「女性は暴動を起こさないから家庭的な環境で収容したほうがよいと昔は考えられていたようです。ですが、警備するほうは大変です。刑務官に許可をとって廊下に出てくる決まりとはいえ、各部屋から数十人が一斉に出てきて暴動を起こす可能性もゼロとはいえません。昔、実際にそうしたことがあったと聞いています。だから新規に建設される刑務所は、単独室にしろ、共同室にしろ、外から鍵がかかる『閉鎖型』が主流ですね」

この道30年を超すベテラン調査官が説明する（その後、笠松刑務所でも「開放型」をやめ、「閉鎖型」にする工事が２０２０年秋に始まり、２０２１年春に完成した）。

笠松刑務所はまた、官民協働型の刑務所として知られる。

「公共サービス改革法」（民間事業者の創意工夫を活用することで、より良質で低廉な公共サービス提供の実現を目的とした法律）により、総務・警備業務の一部を民間に委託している。受刑者に対して行われる職業訓練や教育プログラムなどの一部の業務についても、民間事業者のノウハウをいかしている。

取材時の入所者数は約３７０人。五つの寮に分かれて受刑者が暮らしていた。65歳以上の高齢者の割合は年々増えて今は2割。最高齢は87歳だ。

## 工場での作業や懲罰

朝6時半。寮に、学校でよく聞く「キンコンカンコーン、コンカンキンコーン」というリズムの音楽が響き渡った。

それぞれの部屋の中では、受刑者が起きて布団をたたみ、パジャマから刑務作業用の作業着に着替え、洗面を済ませ、洗濯ものを出し、ほうきで部屋の中を掃き、トイレに行き、といった行為をものすごいスピードでこなしている。部屋の中にトイレや洗面所がない共同室では、受刑者が部屋と廊下を忙しく行き来している。

6時50分。刑務官の「点検よーい」の声とともに扉に向かって受刑者が正座する。点検簿をもった刑務官が各部屋の前に立つと、受刑者が順番に「イチ」「ニ」「サン」「ヨン」……など順番に数字を口にする。受刑者には一人ひとりに「称呼番号」と呼ばれる番号が割り当てられており、夕方、工場から戻った際は称呼番号を使った点検が行われるが、朝は順に数字を言うだけだ。数字を聞いた刑務官は全員いるかを確認するとともに、受刑者の顔色などもチェックする。

点検が終わると、大きな台車に乗せられた朝食が「食器口」を通して各部屋に配られる。刑務所は「自営」を原則としているため、朝食をつくるのも、配るのも、炊事係の受刑者だ。各部屋では、１人用の折りたたみ式机が組み立てられ、朝食が始まった。食事を済ませると、食器が回収される。

７時40分、出寮の時間になった。

朝の冷たい空気が流れる中、刑務官の号令が響き渡る。

「気をつけーっ」

「右へー、ならえっ」

緑色の上着とパンツの作業着を着た受刑者が2列になって行進する。行進や号令の様子は、「軍隊」という言葉を思い起こさせる。列を乱したり、行進の最中にあたりをキョロキョロ見回したりするのは厳禁。五つある工場のうち、約70人が所属する1階の工場への行進では、職員に付き添われてゆっくり歩く高齢者や、10台近いシルバーカー（手押し車）の姿があった。小柄で、頭に白いものがまざった女性たちがシルバーカーを押してゆっくり歩く姿。それは、場所と服装が違えば、「おばあちゃんの原宿《はらじゅく》」と呼ばれる東京・巣鴨《すがも》の通りを歩く高齢女性とさほど違いはないように感じられる。

工場に入ると、七宝焼や刺し子などの製品作りのほか、企業に納める服の縫製、電気部品の組み立てなどが行われていた。

作業の結果は「作業報奨金」として受刑者に支払われる。笠松刑務所での平均額は月3千数百円、最高額は月1万5000円ほど。原則として釈放時に支給される。

見ていると、機械を巧みに操る熟練工のような受刑者もいれば、ひもをほどいたり布を折ったりと、ごく単純に見える作業を繰り返している受刑者もいる。

「認知症や、病気などで刑務作業が成り立たない人がいます。でも、何もさせなかったら

『懲役刑』ではなく、作業の義務がない『禁錮《きんこ》刑』になってしまう。苦肉の策として、少しでも指先を動かせるものを探しています」と、工場の担当職員が説明する。

トイレ掃除当番の中に、せっせとほうきを動かす白髪の女性がいた。

やや腰が曲がっており、年齢を職員に聞けば80代。自分の菓子を若い受刑者にあげたため、懲罰を受けたばかりだという。所内では、物のやりとりは厳禁だ。ゆすりなどの不正を防ぐためで、残飯についても厳しく調べられる。

この女性の場合、歯が弱くて自分では食べられないからと、若い受刑者に菓子をあげたところを見つかった。一般社会なら「優しいおばあちゃん」といわれたかもしれないが、ここではそうしたことは許されない。

## 介護福祉士の手を借りて入浴

刑務作業の合間に、受刑者は交代で入浴する。冬場は週2回、夏場は週3回。浴場には、一度に50人が入れる大きな浴槽が、二つ並んでいる。その周りを50個ほどのシャワーが取り囲む。入り口近くに監視台があるのが、普通の銭湯とは違うところだ。

入浴時間は15分間。15分のあいだに湯船につかり、体を洗い、洗髪も済ませなければならない。ドライヤーはないので、ぬれた髪はタオルでよく乾かす。

認知症や体の麻痺《まひ》などで、自分で自分の体を洗うのが難しい場合は、1人用の浴槽が別の場所に用意されており、そこを利用する。その際、刑務官とともに入浴の介助にあたるのが外部から訪れた介護福祉士だ。

女性刑務所には認知症や摂食障害など処遇の難しい受刑者が多い反面、職員は経験の浅い若手が多いとされる。そのため、国は2014年度から「女子施設地域連携事業」を始め、医療、福祉、介護分野の専門家らに協力を求め、処遇の充実を図っている。笠松刑務所でも2015年度からこの事業を始め、県の介護福祉士会を通じて介護の知識のある専門職に応援を要請している。

この日、個別入浴したのは6人。シルバーカーを使っている人、おむつや尿パッドをつけている人、認知症の人、麻痺で着替えに1時間近くかかる人など、さまざまだ。

風呂《ふろ》からあがった受刑者に、「あったまったね。自分で足をマッサージしてみて」と介護福祉士が声をかける。リハビリを兼ね、服の脱ぎ着にせよ、マッサージにせよ、なるべく本人にやらせようとするため、時間がかかる。

衣服の着脱の際、寒さ対策で下着を何枚も重ねている受刑者がいた。私物の下着は何枚重ね着をしてもよいが、官費による下着を貸与された場合は、「全体で４枚まで」など、細かい規定がある。

## 運動、脳トレ、筋トレも

個別入浴の後、部屋の一室で、認知症の受刑者のリハビリが始まった。

小柄で、年齢は70代。外部から来た介護福祉士の指示に従って計算ドリルをしたり、小さな輪っか状の紙を崩さず、タワー状に積み上げるゲームをしたり。介護福祉士が２人がかりで受刑者１人に30分以上、向き合った。

「認知症の進行を少しでも食い止められたらと思ってやっています。ここに来ると、刑務所の中でも高齢化が進んでいることを実感します」と指導にあたっていた１人が話す。

「脳トレ」ばかりではない。「筋トレ」もある。

「膝《ひざ》に負担をかけないよう、内腿《うちもも》の筋肉を使いましょう。では、いきますよ。せーの！」

講師の声にあわせて、講堂に「イチニサンシ、ゴロクシチハチ、ニニサンシ、ゴロクシチハチ」の声が響き渡る。

午後２時。高齢の受刑者６人を対象にした「健康運動指導」が始まった。講師は、やはり外部からやってきた民間のトレーナーだ。

刑務所の矯正処遇には、刑務作業のほかに「改善指導」といって、心身を健康に保ち、社会生活に適応できる知識や生活態度を習得させるプログラムがある。「窃盗防止教育」「薬物依存離脱指導」「就労支援指導」などがあり、今、行われている「健康運動指導」もそのひとつだ。

年をとってくると足腰が弱くなり、転倒しやすくなる。特に女性の場合、骨がもろくなり、寝たきりになるなど、転倒が大きなダメージを及ぼすことがある。そこで、足腰を鍛える必要性が高いと判断された受刑者らが月2回、このプログラムを受けている。

ボールを膝に挟み、それを落とさないように椅子に座ったり、立ち上がったり。床に敷いたマットの上で手足のストレッチも行うなど、1時間、たっぷり体を動かした。


近くの部屋では、「社会復帰支援指導」として、歯科衛生士による講義が行われていた。

「皆さんは歯ブラシをどうもちますか？　こうですか？　それともこうもちますか？　実は、鉛筆の持ち方が正解。裏側の汚れも取れやすい」

うなずき、歯ブラシのもち方や磨き方を教わる受刑者たち。所内には常勤の歯科医がいないため、定期的に歯科医と歯科衛生士が来て治療や指導にあたっている。

この日、講師を務めた歯科衛生士は「刑務所に来る人は、一般社会にいる人に比べ、口の中が大変な状態になっていることが多い。刑務所に来る前、歯医者に行くことができなかった人が多いのかなと感じます。『もっと若い頃にこうした知識を身につけておきたかった』と話す受刑者もいます」と語る。

## 高齢受刑者用の刻み食

午後。炊事場で民間業者の指導を受けながら、炊事係の受刑者が夕食の準備に取りかかっていた。

刑務所では、自営が原則だ。1日三度の炊事のほか、洗濯や掃除なども基本的に自分たちでこなす。これらの作業は「経理作業」と呼ばれ、刑務作業のひとつにあたる。

チョキ、チョキ、チョキ。

食器の前に立った炊事係の受刑者がはさみで器用におかずを切り刻む。この日の夕食のメニューは、がんもの入った野菜の炊き合わせに里芋のユズみそ煮、ナスのショウガ浸し。それに麦3・米7の割合の米麦飯と、お茶だ。

元の形状の4分の1ほどに刻まれたおかずが「刻み」と書かれたトレーの上に置かれる。8分の1に細かくした「極刻み」もある。歯が悪い高齢受刑者への配慮だ。量を少なくした

1／2食や、お粥《かゆ》、減塩・アレルギー食もある。

炊事係の20代の受刑者がいう。

「朝は4時45分に起きて5時には朝食の支度を始めます。食事を台車で何度も運ぶ作業もあります。重労働で、最初の頃は、夕食の作業が終わると足がはれてパンパンになりました」

炊事係になって約2年。「刻みが不十分で食べ物を喉《のど》に詰まらせたり、アレルギーのある人に違ったものを出したりしたら大変なので、神経を使います」とも話す。

ここでは受刑者ははさみで調理する。どうしても包丁が必要な場合は、指導にあたる業者が包丁を握る。

味見をすると、野菜の炊き合わせはシイタケのだしがきいている。炊きたての米麦飯も意外にいける。おかずの量はどの受刑者も同じだが、ご飯の量は作業内容などによって変わってくる。通常は285グラム。炊事係のように立ち仕事で体力の要る作業をする受刑者の場合は335グラム、居室の中で刑務作業をするなど作業量が少ない場合は260グラムといった具合だ。病気などで食事制限が必要な場合は半分に減らすケースもある。

現在、刑務所長を悩ませているのが、炊事係の確保だ。立ち作業で重い鍋釜《なべかま》も扱うため、体力のある若手が担当することが多かった。しかし、最近は高齢の受刑者が増え、作業を任せられない。

「体力があり、受け答えのしっかりした者ほど仮釈放が認められやすく、刑務所からいなくなる。人繰りには本当に苦労しています」。所長の言葉に実感がこもる。

## 薬を飲んで「らりるれろ」

夕食が済んだ後。薬をもった刑務官が各部屋を順に回る。

「ら……れ……」

受刑者が何かいっている。「もっとはっきり」と刑務官。

「ら・り・る・れ・ろ」。今度は、はっきり受刑者の声が聞こえた。

うなずく刑務官に礼をいう受刑者。

隣の受刑者が、同じように刑務官から薬を受けとる。錠剤や粉薬を舌の上にのせ、そこにあることを示した後、水と一緒に飲み込み、何もなくなった舌を再び刑務官に見せる。最後にいう言葉が「ら・り・る・れ・ろ」だ。

「こうした言葉をいわせるのはいかがか、各自の称呼番号だけで十分ではないかという議論もありました。でも、それだと薬を確実に飲んだかわからない。舌の裏まで確認できる『ら・り・る・れ・ろ』には一定の合理性がある。薬をため込んで人にあげたり、大量に飲んだりする事案を防ぐためです」と刑務所長が説明する。

確かに、「ら・り・る・れ・ろ」と大きな声で発音すると、舌が巻き上がるなどよく動き、薬を隠しておくのは難しそうだ。

年をとると病気がちになり、睡眠薬、軟便剤、降圧剤など多くの薬が必要になる。その結果、「ら・り・る・れ・ろ」が朝、昼、晩、刑務所内のあちこちで聞かれることになる。

## 「申し出」の赤い札

午後7時過ぎ。部屋の扉に鍵がなく、共同トイレに出たり入ったりできる「開放型」の共同室では、夕食を済ませた受刑者たちが思い思いに時間を過ごしていた。

テレビを見ている人。所内で回覧が許されている新聞や、図書室から借りた本を読んでいる人。勉強をしている人。手紙を書いている人。ちり紙を小さく折りたたんでいる人もいる。鼻をかむにもトイレで使うにも、ちり紙は必需品。工場で着る作業着のポケットに入れやすいように、あらかじめ小さく折りたたんでおくのだそうだ。

突然、「申し出」と書かれた真っ赤な札が、ある部屋の入り口に掲げられた。

急いで刑務官が駆けつけると、おなかの具合が悪くなった受刑者がいるという。向かいの部屋から「介助係」の受刑者が呼ばれ、具合の悪くなった受刑者に付き添ってトイレの中に入っていった。

「介助係は、ふだんは工場で作業をしていて、必要なときだけ介助にあたります。介護の資格をもっており、生活態度が良好な者や、所内の職業訓練で介護の勉強をした者などが指定されます」と刑務官が説明する。着替えや食事の介助、おむつ交換、車いすの移動支援などを行う介助係は、高齢化が進む刑務所にとっては欠かせない存在となっているようだ。

14人いる介助係の１人、30代の受刑者に話を聞いた。

介助の仕方は、以前いた刑務所で学んだという。もともと祖父が要介護状態となったこともあり、介護には関心をもっていたそうだ。

「受刑者同士なので、相手が不快に思ったり、トラブルになったりしないように気をつけています。『体を前に動かしますね』など、常に声をかけるようにしています。『ありがとう』とか『次はいつ介助しにきてくれるの』なんていってもらえるとやはりうれしい。やりがいを感じます」

出所後は、介護の仕事に就くのが望みだそうだ。

## 心労の刑務官、1日1キロ減も

午後9時。就寝の時間だ。受刑者は布団に入り、勝手に電気をつけたり、起き上がって本を読んでいたりすることは許されない。

そんな受刑者を夜間も含め、24時間見守るのが刑務官の役目だ。

数ある仕事の中でも、特に緊張を強いられるのが夜勤。受刑者の中には、夜間、こっそり起きている者もいれば、具合が悪くなる者もいる。鍵のない部屋が多いため、襲撃、逃走など不穏な動きにも注意を払っていなければならない。

刑務官が最も恐れるのが、受刑者の自殺だ。みんなきちんと寝ているか、きちんと息をしているか——。頻繁に部屋をのぞき、廊下を何度も往復する。

「最初の頃は、1日で体重が1キロ落ちました」

夜勤を担当していた勤務1年目の女性刑務官がインタビューの合間にそう漏らした。

刑務官は、巡回するたびに、廊下の一番奥にある緑色のランプを必ず押す。万一のことがあったとき、きちんと巡回していたことを示す証拠にもなるからだ。

前述の通り、受刑者は顔が見えるよう、掛け布団を首から上に掛けてはいけない。だが、寒さで頭までかぶって寝てしまう者も多い。そんなときは寝相がずっと同じでないか、布団が呼吸で上下しているかを確認する。神経がいらだっていて、ちょっとした物音にも苦情をいう受刑者もいるので、巡回時の靴や鍵の音にも神経を使う。

「正直、怖くてきつい仕事。感謝されることや褒められることはめったにない」と夜勤のとりまとめ役の看守部長がいう。別の看守部長も「人を更生させたいと意気込んで入ると、日常業務とのギャップに苦悩する。おむつを替えたり、お漏らしした布団を替えたりするために刑務官になったんじゃないと嘆く若い刑務官も多い」と話した。

「でも」

２人が口をそろえる。

「黒子ではあるけれど、我々の仕事がなければ社会の規範は保たれず、社会の安全の確保は維持できない。みんなそう思って頑張っているんです」

刑務所内の様子を一通り紹介したところで、受刑者の「声」を紹介したい。

犯罪の理由を知ることは、再犯防止にも役立つ。彼女たちは一体、どんな理由で塀の中に足を踏み入れたのか。

## 70代、入所七度目「トマトやキュウリ1本ぐらいでここに来ちゃった」

ここに入って2年近くになります。罪名は窃盗です。

お店のものを、100円かそこら盗んじゃったんですよ。トマトやキュウリ1本ぐらいでここに来ちゃった。場所はスーパーです。小さい店じゃできないんで。

主人がね、といっても、私にとっては二度目の亭主で、それも数年前に離婚したんですが、その人が酒乱でね。飲んで、殴る、蹴《け》るをするんで。その腹いせっていうわけでもないんだけど、私もばかでやんなきゃいいのに、窃盗をしてしまって。「ちょっとお客さん」と、店で呼び止められて。サーッと盗《と》るんじゃなくてキョロキョロあちこち見て、大丈夫かな、大丈夫かなとドキドキしながら盗るから、すぐ捕まっちゃうんですよね。

刑務所にきたのはこれで七度目です。盗みを最初にしたのは50歳になる前の頃かな。いつもおんなじ刑ばっかり。万引きです。万引きの原因も同じなんです。亭主に殴られて。

亭主は、酒を飲んでいないときは腕のいい職人。孫が来ているときはいいだんなさん。でも私と2人きりになると、殴る、蹴る。お酒の量はそんなに飲まないんだけど、子供には手をあげず、やられるのは私ばっか。

飲んだ勢いで気が大きくなるようで、道端で寝っ転がって怒鳴っていたこともあります。

危ないから早く帰りましょうといっても、いうことを聞かない。家で飲んでいるときは、椅子がぶん投げられてくるんですよ。それが私の顔に当たって、青いたんこぶになって、歯が折れて。これまで、8本ぐらい、折れたかな。しまいには、テレビもぶん投げるようになりました。止めるけどいうことを聞かない。私の左の目がおかしいのはそのためです。顔があざだらけになってしまって。

その腹いせというわけでもないんだけど、カッとなり、ヒョッと盗ってしまった。1品盗ると「ふうっ」となって、気持ちが妙にさっぱりとしちゃって。何を盗もうとか、夕食のおかずがほしいとか、そんなんじゃなくて、無神経に、トマトとかお菓子とか、ただそこらへんにあるものを盗って終わり。前にも何回かやったんで、やらないように、やらないようにと、自分でも努力していたんですけど。でも、ちょっとした加減で、頭が混乱して、やっちゃうんです。

亭主は、殴る、蹴るをした次の日、「そんなことやったかなあ」といって、ケロッとして仕事に行く。お弁当を作ってやると、それを持って行きます。給料をちゃんと持ってきてくれるから、その点はありがたかったけど、とにかく、暴力だけはね。それだけはしてほしくなかったんですけど。

生まれは関東です。中学を出てすぐに印刷工場で働き始め、20歳過ぎに結婚しました。10年近く結婚していて、子供もできたけど、相手の親から別れてくれといわれて、双方の親同士が勝手に決めてしまって。どうしてそうなったのか、その中身が私には今もってよくわからないんですよ。ともかく離婚しろといわれて、家を継ぐのに必要だから男の子だけは置いていくようにともいわれて、子供のうちの1人を置いて離婚させられました。だんなさんはいい人だったんですけど。酒を飲まなかったからね。それで、女の子と一緒に家を出ました。

二度目の結婚をしたのは30代の半ばごろ。そこでも子供ができました。その子がだんだん大きくなって、酒乱の亭主のことを相談したんです。そしたら、「お母さんが悪い」といわれてしまった。ああ、何もかも私が悪いんだ、私のせいなのだと思った。それからですね、何だか、いろんなことをあきらめてしまったのは。

ここでの暮らしは至れり尽くせりでね、ありがたいですよ。刑務官の先生が良くしてくれるから、先生には頭が上がらない。今は相部屋で、5人で暮らしています。その部屋のみなさんもとてもいい人たちで。私にはもったいないほど。涙が出るほどいい人たちなんですよ。

でも、ここから、やはり出たいのは出たい。万引きはもうこれっきりにして。

出所したら、1人で暮らします。子供たちや、子供の嫁さんに迷惑はかけられないから。

ですが、最近、体が不自由になっちゃって、なかなかいうことをきかない。昔、金を貸した人に背骨を折られたことがあって、体全体が痛くて、しびれてくるんです。今は、階段を上るのも骨が折れるし、お便所に行くのにも、途中で間に合わないことが増えてきた。自分では気をつけているんですけど。頭のほうもだめになってきて、内臓が悪いより、頭のほうが悪いのが本当につらくてね。この先、どうなるのかよくわからない（涙ぐむ）。

今は同じ部屋に、便所に付き添ってくれる受刑者がいて、本当にありがたいことだと思っています。ここから出所したら、一緒に暮らせなくても、子供にはいくらかでも尽くしてやりたいと思っています。

（２０１８年11月、岐阜県の笠松刑務所で）

小柄な体。質問には小さな声で丁寧に答える。作業着の上からでも、背骨の変形などがうかがえる。インタビューを終えた後、思わず、「頑張って」と背中に手をかけたくなる衝動にかられた。

この受刑者の話には、他の受刑者の話と共通する点がいくつも見られる。そのひとつが、少額の食料品を盗んで刑務所に来た点だ。

同じく笠松刑務所でインタビューした80代の受刑者の場合は、盗んだものは「デコポンとリンゴ、牛乳、レトルトのカレー」だった。刑務所に入るのは二度目。「1人だと手がかかる料理はできない。そうした食品が便利だから」というのが、食料品を万引きした理由だ。

2017年9月に福島刑務支所でインタビューした90歳近い女性受刑者は「スーパーでイチゴを盗んだ」と語った。70代まで仕事をしていたが、「生活が苦しく、コメなどの食料品をそれまで何度か盗んだ」後の犯行だった。

やはり福島刑務支所で取材した70代の女性は、「節約したい」との思いから、夕食の材料をスーパーで盗んで収容された。初めて万引きをしたのは40代半ば。「離婚による生活苦やストレスから」というのが、本人が語った万引きの理由だ。

## 少額の万引きをする理由

なぜ少額の食料品を万引きするのか。その疑問を解くひとつのヒントが、平成30年版犯罪白書の特集にある。

平成30年版犯罪白書は、「進む高齢化と犯罪」について特集している。受刑者の高齢化が進み、高齢出所受刑者の2年以内再入率が他の年代に比べて高いこと、刑法犯検挙人員に占める高齢者の比率の上昇が著しいことなどから、特集が組まれた。その中に、高齢者による犯罪の大半を占める「窃盗」に焦点をあてた調査が紹介されている。

法務総合研究所が実施した調査で、2011年6月に全国の裁判所で窃盗罪による有罪判決が確定した者を基本的に対象としている。調査対象者2421人中、犯行時の年齢が65歳以上だった者は354人（男性219人、女性135人）、それ以外の年代は2067人（同1711人、356人）。

一口に「窃盗」といっても、自動車や自転車などの乗り物を盗む「乗り物盗」、空き巣などの「侵入窃盗」など、犯行の手口は様々ある。高齢者の場合、「万引き」が85％と大半を占めるのが特徴だ（高齢者以外では52・4％）。

盗まれた品物の金額を見ると、高齢者は「3000円未満」が約7割を占め、そのうち「1000円未満」が約4割に上る。高齢者以外ではそれぞれ5割弱、2割強であるのと対照的だ。被害店舗との関係では、「平素から客として来店」している店での万引きが多く、盗んだ品物は、食料品類が69・7％（高齢者以外は39・1％）と、ほぼ7割を占めた。

万引きの動機は、高齢者では「節約」が最も多い。特に高齢女性では約8割に上った。これは、高齢男性の5割強、非高齢男性の約3割、非高齢女性の約7割と比べると際立つ数字だ。「自己使用・費消目的」は5～6割で、いずれの層でも変化はなかった。

万引きの背景事情として高齢女性で目立ったのは「心身の問題」「近親者の病気・死去」などだった。

白書ではまた、万引きで微罪処分（例外的に事件を検察官に送らずに、警察かぎりで終わらせる事件処理の方法。軽微な窃盗や詐欺など、検察官があらかじめ指定した事件に限る）となった高齢者に関する東京都の実態調査の結果も紹介している。

都が２０１７年３月に公表した報告書「高齢者による万引きに関する報告書─高齢者の万引きの実態と要因を探る」で、そこでは、①万引きして微罪となった高齢被疑者56人、②万引きして微罪になった高齢以外の被疑者73人、③無作為抽出された一般の高齢者１３３６人──の回答を比較している。

それによると、高齢被疑者は一般高齢者に比べ、世帯収入はやや低いものの、生活保護を受けていない世帯も多く、客観的に生活困窮レベルにある者の割合は低い。一方、主観においては「現在の生活が苦しい」と感じている者の割合が、一般高齢者の17・7％に比べ、高齢被疑者では44・6％と高いのが特徴だ。また、自己統制力が弱く、独居の割合も高く、家族がいても連絡の頻度が少ない者の割合が高い。「一日中誰とも話さないことがある」「相談に乗ってくれる人は誰もいない」など、周囲から孤立している傾向が見られた。

こうして見ると、高齢女性の万引きでは、「節約」や「孤立」、「孤独」がキーワードとなっていることがうかがえる。この点に関し、福島刑務支所の刑務官が話していた言葉が印象的だ。

「高齢者犯罪の典型は窃盗だが、侵入盗とか集団窃盗ではなく、スーパーなどで1000円か2000円、高くても3万円程度の万引きが多い。飢え死にしそうとか、その日の食べ物に困るといった例はほとんどなく、むしろ、年金を使いたくなかったからとか、これぐらいならいいだろうなどというケースが目立つ。何で盗ってしまったのかわからないなど、動機がはっきりしないケースも多い。万引きの理由は各人各様でなかなかこれというのは難しいが、間違いなくいえるのは、生活に張りがあって、家や社会に居場所がある人はここには来ないということ。家族関係が悪かったり、社会とのつながりがなかったりして、孤立している人が目立つ」

先にインタビュー内容を紹介した受刑者も、家族との関係がうまくいかず、夫からはDV（ドメスティック・バイオレンス、家庭内暴力）を受けていた。頼りになると思っていた子供からは「お母さんが悪い」といわれ、心に大きな傷と寂しさを抱えていた。

「寂しい」という言葉は、取材中、多くの受刑者から聞かれた言葉だ。

ここでもう1人、受刑者の話を紹介したい。

## 80代、入所三度目「時間が余り過ぎていて、孤独が中心にあった」

刑務所に入ったのは今回で三度目です。ここに来てから1年半ほどになります。罪名はみんな窃盗、万引きです。

盗んだのは食品。野菜もんであったり、おかずであったり……。スーパーなどでね。最初に万引きをしたのは、70歳を過ぎてからだったと思います。お店から注意されることで済んでいたのが、だんだんエスカレートして、保護観察となり、その次は執行猶予に。とうとう刑務所に入るようになってしまいました。

子供は3人おりますが、一緒に住んでいた子供も、近くに住んでいた子供も、驚いたと思います。そんなことをする人間だとは、誰も思っていなかったと思います。年金もあるし、生活も困っていたというわけではありません。子供たちとの関係も良かった。人からいわしたら、まあ、もったいない、恵まれているのに何でと思われるかもしらんけどね。本当に、してはいかんことをしたなと思っております。

なぜ万引きをしてしまったのか。ここに入ってから、部屋で、ずうっとそんなことばっか考えているんですけど、やっぱり、寂しさがあったのかなと思う。時間が余り過ぎていて、孤独が中心にあったんじゃないかと思います。

息子がお嫁さんをもらって、邪魔したら悪いと、自分から遠のき、あまり会わないようにしました。そうすることで、少しでも自分をいいように見せたかったんでしょうね。そうしたことが悪の道に、万引きに走らせたような気がします。

そもそも、主人が60歳近くになったときに、突然、亡くなってしまったんです。とてもまじめな人でした。元気だったのに、突然、会社から電話がかかってきて。心不全みたいな感じやね。主人は年上です。山登りをはじめ、いろんな趣味をいつも一緒にしていました。私は主人に頼っていたもんで、昨日と今日とで世界が変わり、しばらくはぼーっと、糸が切れた凧《たこ》のような感じになっていました。

主人が亡くなってから、１人でいるとなんかヘンなことになるような気がして、シャンソンを習うなど、いろいろなことをしていたんだけれど。

一度だけでなく二度、三度もやってしまったのは、やっぱり寂しさというか、自分に強靱《きょうじん》な精神がなかったからなんやろね。

今思うと、お金を使うのがもったいないという気持ちも走ったと思うわ。お父さんもおらんなったし、老後のことを思うと、節約したいという気持ちが働いて。見つかるとか、見つからんとか、そんなことすら考えんで盗った。自分で自分がわからんわね。

今回の三度目の窃盗については、きょうだいが亡くなったことも大きいと思うわ。とてもショックで。いつもうちにきて、食べる物を一緒に買い物して。いつも電話がかかってきて、今行くねとか。仲の良いきょうだいだったので。

子供たちとは一時、関係が悪くなったけど、今は罪を償って戻ってくるのを待つといってくれています。もちろん、これを最後にして下さいといわれていますが。窃盗は病気のせいじゃないかともいってくれて。出たら、協力してくれるといってくれてます。

そういうことをいってもらえて、私も本当に、今まで以上にここでの刑務作業に集中しています。今は、洋裁をする工場にいるんですが、洋服の柄にも今まで以上に気を使って製品を仕上げています。

最近、受刑者がつけるバッジの色がピンクになったんです。バッジは全部で5色あって、行いが良いと色が変わります。良い行いをしていると、家族と面会する回数が増えたり、手紙をやり取りできる回数が増えたりします。バッジがピンク色になったのを見て、ああ、一生懸命まじめに生きていれば、それを刑務官の先生方はきちんと見てくれているんだなと思い、それは嬉しく思いました。だから、世の中に出てもコツコツまじめに生きなければと強く反省しました。

今、夜に眠れん日が多くて、体がやせてきて、面会に来るたびにみんなが心配して。食べ物はきちっと残さず食べとるんです。あったかい汁気のあるもんをもっと食べたいとたまに思いますけど。

でも、先生方はりっぱな人ばかりで教えられることが多いもんで、いやなことは別にありません。精神統一して頑張っていくことが大事。社会に出て役に立ちたいと思いながら、毎日を過ごしています。ここで一生懸命、償いながら働かしてもらって、頑張って帰らんならんと思っています。


（２０１８年11月、岐阜県の笠松刑務所で）


落ち着いた話しぶり。刑務所に入るまでは、品良く年齢を重ねてきた雰囲気が漂う。この受刑者の場合、経済的には恵まれていて、「貧困」「困窮」ではなかったが、「節約」の意識が強かった。

考えてみれば、女性は就労期間が短く、低賃金・低年金になりがちな反面、男性に比べて長生きだ。既に「老後」といえる状態にある者でも、「さらなる老後」における経済不安・生活不安は強く、できるだけ生活費を抑えたいという気持ちが湧いても不思議ではない。

また、この受刑者の話には「寂しい」という言葉が何度も登場した。心を許していた夫や、きょうだいに先立たれた影響も大きいと見える。

法務総合研究所の調査では、万引きの背景事情として「心身の問題」「近親者の病気・死去」が高齢女性では目立つと分析されている。

インタビューしたほかの高齢受刑者の中には、万引きの理由として、「胸のドキドキが忘れられなくて何回も万引きをした」（福島刑務支所、70代）と話す者もいた。「スリルを味わいたい」「ストレスを解消したい」という気持ちも、累犯者に共通しているようだ。

## いくら盗ると刑務所に入るのか

ところで、盗んだものが「トマト」「キュウリ」「リンゴ」などというインタビューを読んで、「そんな少額の万引きでも刑務所に入るのか」と疑問に思われた読者がいるかもしれない。

被害金額５０００円未満程度で、その他の特別な要因がない場合、万引きをしていきなり刑務所行きになることはまずない。「微罪処分」といって、書類のみの処理として、警察が注意し、検察庁に報告して終わりになるのが普通だ。

しかし、微罪でも二度、三度と繰り返すと話は違ってくる。検察庁に送致され、検察段階では、起訴される前に「起訴猶予」という仕組みがあるが、それでも犯罪を続けていると起訴されて裁判になる。裁判段階でも「執行猶予」という仕組みがあるものの、万引きを続けていると実刑判決を受け、刑務所に来ることになる。

万引きをする高齢女性が刑務所に来るケースが増えている背景として、盗犯等防止法の「常習累犯窃盗罪」の存在を指摘する声もある。常習性のある窃盗者の刑を重くする規定で、過去10年以内に窃盗罪などで懲役6月以上を3回以上言い渡された場合、新たに窃盗罪に問われると、3年以上の有期懲役になる。

執行猶予の条件は懲役3年以下などのため、常習累犯窃盗罪になると実刑を免れにくくなる。このため、少額の窃盗を繰り返す累犯者が刑務所に長期間入る要因になっている。実際、この規定の適用により、「2円相当」の封筒を盗んだ罪で、3年の実刑判決を受けた60代の女性がいた。今回、インタビューの内容を紹介した2人の受刑者は、ともにこの常習累犯窃盗罪に問われている。

## 窃盗以外で収容される高齢女性たち

「塀の中のおばあさん」の犯罪は万引きなどの窃盗が大半だが、もちろん、その他の罪で服役する女性もいる。インタビューした中には、覚醒剤《かくせいざい》を他人に売って服役中の70代の女性もいたし、殺人と死体遺棄で服役中という90歳近い女性もいた。

この90歳近い受刑者の場合、10年近く刑務所で過ごしているが、刑期はまだ3分の1ほど残っているという。内縁の夫と家の名義の件でけんかになり、その際に相手を殺《あや》めた。

「相手が先に手を出してきて私のことをバーンと殴ってきた。今までそんなことされたことがなかったから、私もカーッとなって物置から金槌《かなづち》を持ってきて頭をポーンと叩《たた》いた。そしたら叩きどころが悪くて一発で倒れられてしまった」

そして、「ここにきた以上、自分が悪かったと思うので、刑期を頑張って終えて（内縁の夫の）お骨をお寺に持って行きたい。若いときに結婚してできた子供にも会ってみたい」とも語る。

髪は白く、背中は曲がり、耳は随分遠い。だが、話す声は力強く、こちらの質問にお構いなしに自分の気持ちを矢継ぎ早に語っていく。

90歳近い年齢での服役生活に驚いたが、別の刑務所では「最近まで、92歳の受刑者がいた」という話も聞いた。その受刑者の罪名は詐欺だったそうだ。

高齢者の服役には、高齢期になってから罪を犯して刑務所に入るパターンと、若いときから服役し、そのまま年を重ねるパターンがある。塀の外の社会では高齢化と長寿化が急速な勢いで進んでいるだけに、「社会の縮図」といわれる刑務所も例外ではない。

## 「おばあさんの世紀」

ここで、高齢化や長寿化の状況について触れておきたい。

国立社会保障・人口問題研究所の推計によれば、高齢者人口（65歳以上）のピークは２０４２年で、３９３５万２０００人。高齢化率（全人口に占める65歳以上の割合）は、２０２２年時点の29％から、２０６０年代には38％まで上昇する見込みだ。

長寿化も進んでいて、２０２１年の平均寿命は男性が81・47歳、女性が87・57歳。男性の平均寿命は２０５０年には84歳を超え、女性の平均寿命は２０４５年には90歳を超えると推計されている。また、２０２０年に65歳の男性の37％、女性の62％が、90歳まで生きると見込まれている。

１００歳以上の長寿者も増えている。２０２２年は９万５２６人で、初めて９万人を超えた。女性が89％を占める。国の推計では、ピーク時には１００歳以上（男女計）が71万７０００人（２０７４年）と、現在の徳島県の人口とほぼ同じ程度にまで増えるというから驚く。

「おばあさんの世紀」という言葉をご存じだろうか。２０４５年には、総人口に占める65歳以上の女性の割合が２割を超すと推計されている。つまり、65歳以上の「おばあさん」が、日本中にたくさんいる時代が来ることを指した言葉だ。

名付け親の１人、評論家でＮＰＯ法人「高齢社会をよくする女性の会」理事長の樋口恵子《ひぐちけいこ》さんは、「全人口の２割といえば、社会に影響を与え得る相当なボリュームといえる。その時代に、自立して生き生きしたおばあさん（ＨＢ＝ハッピーばあさん）がたくさんいるか、貧しくて孤独なおばあさん（ＢＢ＝貧乏ばあさん）がたくさんいるかで、日本社会の様相は随分違ってくる。ＢＢからＨＢを増やす社会にすることが必要だ」と主張する。

確かに、低賃金・低年金になりがちな女性が「ＨＢ」となる仕組みを早くつくらないと、困窮や孤独から刑務所に居場所を求める「ＢＢ」が跡を絶たないことにもなりかねない。

## 認知症と刑務所

高齢の女性受刑者が増えるということは、認知症の介護を必要とする受刑者が増えることも意味する。認知症は加齢とともに有病率が高まるからだ。認知症の受刑者をどう処遇するかは、各刑務所にとって深刻な問題になっている。

法務省では２０１８年度から、全国の主要８か所の刑務所に入る60歳以上の受刑者に認知症の検査を義務づけた。対象となったのは、札幌、宮城、府中《ふちゅう》（東京）、名古屋、大阪、広島、高松、福岡の８刑務所。４月以降に入所した60歳以上の受刑者に対し、記憶力や計算能力などを見る認知機能検査を実施し、認知症の疑いがある場合は医師の診察につなげることにした。診断後、「認知症」と診断された受刑者については、刑務作業の軽減や、症状の改善指導などを検討する。

上記の八つの刑務所は、いずれも男性受刑者が入る刑務所だが、２０１９年度からは、栃木、和歌山の二つの女性刑務所が加わった。法務省によると、２０１９年度の調査では、対象者９０８人（60歳以上の受刑者のほか、認知症の疑いのある60歳未満の受刑者も含む）中、１２６人が「認知症の傾向あり」（約14％）だった。２０２０年度においては、対象者９３０人に検査を実施し、うち、医師による診察を受けた者が１９５人（約21％）、認知症の確定診断がされた者が54人（約６％）だった。

栃木刑務所では、２０１９年度以前から、認知症が疑われる受刑者については「長谷川式スケール（改訂長谷川式簡易知能評価スケール）」を使った検査をしている。「長谷川式スケール」は、診断の「物差し」として、日本で広く使われている認知機能検査だ。九つの質問項目から成り、30点満点中、20点以下だと認知症が疑われる。

検査の担当者は、「認知症の受刑者の中には、罪を起こした自覚がなく、なぜ自分がここにいるのかがわからない人もいます。それでも刑務所としては受け入れざるを得ない。刑罰の内容もわからないのに、そのまま刑務所に入れておくのはどうかと個人的には思います」と話す。こうした疑問は、ほかの刑務所でも複数聞かれた。

確かに、「刑務所で服役させる意味はあるのだろうか」と思う受刑者はいる。

刑務所取材で出会ったある70代の女性受刑者は、自宅に火を放ち、家族数人を焼死させた。受刑者が60代のときのことだ。本人とコミュニケーションがとれないので、職員に聞くと、「家族の誰からも相手にされなかった。自分は財産を使い果たしたので、家族と無理心中をして死のうと思った」ことが動機とされる。

死刑になってもおかしくなかったが、女性には脳の萎縮《いしゅく》や人格の変化、うつ状態などが見られたため、心神耗弱が認められて懲役刑となった。その後、明らかに認知症が疑われる言動が見られたため、認知機能検査を実施したところ、高度なレベルで認知症が疑われる結果が出た。

今では自分の名前を書くこともできず、自分1人で入浴することもできない。そこで他の受刑者とは別に、1人用の浴槽で刑務官の助けを受けながら入浴する。入浴前には、外部から派遣された介護福祉士が歩行訓練も行う。夜間のおむつ交換をするのは刑務官だ。

懲役刑なので刑務作業をする必要があるが、部品を磨くといった単純な作業でも行うのが難しい。寮にある部屋から工場まで連れてこられるものの、大半の時間は頭を机に伏したまま。こうした状態では、自分の犯した罪を反省し、更生するための刑罰や指導も意味をなさない。反対に、刑務所は介護に多くの時間や人手を割かなければならなくなる。

## 「刑の執行」と「ケア」のジレンマ

「刑の執行が体をなさない人が増えています。その対応が現場では大きな課題となっています」。女性がいる刑務所で聞いた刑務官の言葉は、他の刑務所でも共通している。

「刑罰を与える場所で何もさせないでおくわけにはいかないけれど、中には便を手で触ってしまう受刑者もいる。そうした受刑者に、刑務作業で作る製品に手を触れさせるわけにはいかない。そのため、ひもを結んではほどくとか、新聞を細かくちぎるなど、何とかできそうな作業を見つけてやらせています」

刑務官の言葉からは、現場の苦悩ぶりがうかがえる。

会話やコミュニケーションが成り立たないと思われる認知症の受刑者も、起訴や裁判の段階では「責任能力あり」と判断されて刑務所に送られてきた。そのため、刑務所としては受け入れざるを得ない。「認知症の受刑者は刑務所にはそぐわない。検察が起訴を決める段階で何とかしてほしい」という切実な声も聞いた。

「刑罰や更生の意味がわからない人の生活支援をすることに疑問をもつ刑務官は少なくない。しかし、だからといって認知症の人などの刑の執行を停止し、福祉施設に行かせることを国民が良しとするのか。矛盾を感じつつも、現場としては、受刑能力ありと判断されて来た人たちを更生させ、社会に戻すことに専念せざるを得ないのが現状です」

刑務所幹部の言葉からは、「刑の執行」と「ケア」の両方を負わされた刑務所のジレンマがにじみ出る。社会の安全を守る「最後の砦《とりで》」である刑務所は、来る人を自ら選ぶことも、拒むこともできないのだ。

別の幹部は次のように話した。

「認知症の受刑者にご飯を食べさせ、おむつも替える。懲役刑を受けた犯罪者なのに、こんなに手をかけていいのかと、若い職員から聞かれたことがあります。確かに、福祉施設と同じことを刑務所でするなら、最初から福祉施設に入ってくれればと思う。しかし、罪を犯した者の引き受け手は少なく、現実にそうするのはなかなか難しい。きちんと処遇をしようと思えば思うほど、ケアもきちんとせざるを得なくなる現状があります」

「きちんと処遇をしようと思えば思うほど、ケアもきちんとせざるを得なくなる」点については、取材をしていて、いろいろ思うところがあった。刑罰とケアのジレンマに悩みつつ、懸命に処遇にあたる刑務官たちの仕事ぶりを「すごい。よくやっている」と思いつつも、「ここまでするの？」と感じる点もあったからだ。

たとえば、外部から専門家を呼び、認知症の進行抑制のために行う「脳トレ」や、足腰が弱るのを防ぐ「筋トレ」。刑務所に入らず、一般社会の中で頑張って暮らしている高齢者の中には、脳トレや筋トレをしたくても受ける機会がない人がたくさんいるに違いない。

法務省によると、刑務所など刑事施設の被収容者１人当たりの生活費（食費など）は１日あたり約２２００円、年間で約80万円。職員の人件費や施設運営に要する費用まで含めた総経費は被収容者１人あたり年間約４５０万円に上る（２０２１年度予算）。

脳トレや筋トレなどの支援の必要性は認めつつ、塀の内と外との「公平感」も踏まえた検討が欠かせない。この問題は刑務所だけで答えを出せるものではない。納税者である国民を含め、社会全体で考えるには、塀の中で何が行われ、現場はどんなジレンマを抱えているのかを「見える化」し、共通課題としていくことが求められる。

## 高齢者の多さは日本特有？

高齢化は世界共通の課題だ。果たして、認知症など介護を必要とする高齢受刑者の問題に、他の国々はどう取り組んでいるのだろうか。

刑務所事情に詳しい小西暁和《こにしときかず》・早稲田大学教授（刑事政策）は、「高齢受刑者の問題は、刑事司法システム全体の枠組みの中で考える必要がある」と指摘する。

小西教授によれば、日本の刑事司法の特徴として、人口10万人あたりの刑務所収容者数が非常に少ないことが挙げられる。

World Prison Brief のデータ（２０２３年1月10日時点）によると、経済協力開発機構（ＯＥＣＤ）加盟38か国中、最多の米国の５０５人に対し、日本はわずか36人。これはＯＥＣＤ加盟国中、最も少ない。この少なさは「猶予制度」の充実によるところが大きいという。たとえば万引きをした場合、警察段階では「微罪処分」で終わらせることができ、検察段階では「起訴猶予」という仕組みがあり、裁判段階でも「執行猶予」になることが認められている。

猶予が認められやすい人の特徴としては、次の三つが指摘されている。①経済力がある、②頼れる家族がいる、③コミュニケーション力がある。つまり、「塀の中のおばあさん」は、猶予に有利に働く三つの指標を「もっていなかった人たち」だといえる。

同じ高齢者でも、高齢女性受刑者が女性受刑者に占める割合のほうが、高齢男性受刑者が男性受刑者に占める割合より高い理由の一つが、この猶予に有利に働く条件、とりわけ①の経済力の条件にあるのではないかと推測される。

刑務所に高齢者が多いことに関し、小西教授は「これは日本の特徴です」と指摘する。高齢化が進む日本の刑務所の状況を説明すると、海外の研究者からはひどく驚かれるという。海外では量刑判断の際、法律などに従って年齢が考慮されるためだ。また、刑期を刑務所ではなく、自宅で過ごせる措置などもある。そのため、日本のように「刑務所で高齢者が目立つといった状況にはない」そうだ。

## イタリアでは自宅で刑期を過ごす制度も

では、海外では、高齢受刑者をどのように処遇しているのだろうか。

２０１７年３月に出た法務総合研究所による研究報告（「高齢者及び精神障害のある者の犯罪と処遇に関する研究」）には、高齢受刑者に関する調査研究内容が紹介されている。そこで海外事例として取り上げられているのがイタリアだ。２０１５年11月に、法務総合研究所が実地調査を行った。

それによると、イタリアの犯罪者処遇の特徴として、①高齢化が進んでいるにもかかわらず受刑者に占める高齢者の割合が低い、②過剰収容という事情もあるが、身柄を継続的に拘束する拘禁に代わる措置が積極的に活用され、多くの犯罪者が「社会内処遇」になっている、③精神保健制度改革の影響を受け、社会内処遇で多様な関係機関がネットワークを構築し、自立支援に当たっている――とある。

②の背景のひとつとして挙げられているのが、憲法や法律で、刑罰の目的を「再教育」におく旨が明記されていることだ。憲法27条では「刑罰は、人道の感覚に反する取り扱いであることはできず、受刑者の再教育を狙いとするものでなければならない」とあり、「行刑並びに自由剥奪《はくだつ》及び制限処分の執行に関する法律」1条では「受刑者及び処分被収容者については、外部の環境との接触によっても、彼らの社会復帰を目指す再教育処遇が行われなければならない」と定めている。これらの規定の存在もあり、自由刑が確定すると受刑者の申請を受け、ほとんどの刑の執行が一時的に停止される。テロ、組織犯罪による有罪判決などの一部の例外を除き、拘禁に代わる措置の適否が検討される。

拘禁に代わる措置のひとつに「在宅拘禁」がある。一定の条件を満たせば自宅や民間の住居、治療施設などで刑期を過ごせるのが「在宅拘禁」だ。対象となる高齢者は、習慣的、職業的、性癖による犯罪者ではなく、刑の執行開始時または執行中に70歳以上であるなど、いくつかの条件がある。こうした制度があるため、日本と同様、高齢化率が高いイタリアでは、刑務所内での高齢者の数が少ない。ただし、態度不良とされれば在宅拘禁はいつでも取り消される。

刑罰の目的や狙いを「再教育」とし、それも、「社会の中で処遇する」というイタリアの考え方は目をひく。もちろん、実際にどんな運用がされているのかは現地で取材してみなければわからないが、高齢期の刑罰のあり方を考える際、ひとつの参考になりそうだ。

　日本でも２０１６年から「刑の一部執行猶予制度」が導入されるなど、「社会の中で更生する」動きが進みつつある。刑の一部執行猶予制度とは、裁判所が判決で一定期間の懲役刑または禁錮刑を言い渡す際、その刑の一部の執行を猶予して、保護観察に付することも可能にする制度だ。一部執行猶予は、実刑の執行後に行われる。受刑者の再犯防止と社会復帰の促進を目的としている。

　これらを踏まえ、「塀の中のおばあさん」を増やさないための方策については、終章で改めて取り上げたい。

# 第2章　摂食障害に苦しむ女性たち

## 摂食障害と窃盗

窃盗は、高齢女性に断トツに多いものの、摂食障害に苦しむ若い女性受刑者のあいだでも多く見られる犯罪だ。

摂食障害とは、体重や体型へのこだわりやストレスなどから、正常な食生活を送ることができなくなる精神疾患をいう。極端な食事制限（拒食症）や、過度な量の食事摂取（過食症）などを伴い、女性に多く、10代での発症率が高い。専門家によると、死亡率が高い重篤な病気であるにもかかわらず、そうした知識が十分に広まっておらず、治療を受けていないケースも多い。遺伝や環境的な要因が複雑に絡むとされ、厚生労働省によると、患者数は約24万5000人に上る（2019年時点）。

女性受刑者では、収容者全体の5％程度（推計約170人）が摂食障害と見られ、その多くが窃盗の累犯として服役している。

この章では、摂食障害に苦しむ受刑者の様子を取り上げたい。取材の多くは2020年11月、医療刑務所のひとつである「東日本成人矯正医療センター」（東京都昭島《あきしま》市）で実施した。

まず、「医療刑務所」について簡単に説明しておく。

医療刑務所とは、専門的な医療行為を必要とする受刑者らを収容する刑務所のことで、全国に４か所ある（東京都内にある「東日本成人矯正医療センター」、大阪府内にある「大阪医療刑務所」、愛知県内にある「岡崎《おかざき》医療刑務所」、北九州《きたきゅうしゅう》市内にある「北九州医療刑務所」）。

岡崎医療刑務所と北九州医療刑務所は精神疾患専門で、東日本成人矯正医療センターと大阪医療刑務所は精神疾患も身体疾患も診る。一般の刑務所では治療が難しくなった受刑者が治療に専念するために医療刑務所に送られてくる。医療刑務所にない医療機器や設備が必要になった場合は、外部の医療機関を受診する。

「東日本成人矯正医療センター」は、前身が八王子医療刑務所で、２０１８年に運営を開始した。病院の機能をもつほか、准看護師の養成も行っている。最寄り駅は、ＪＲ東中神《ひがしなかがみ》駅で、そこから徒歩約15分。広大な敷地面積をもつ国営昭和記念公園のすぐ近くにある。近代的な建物で、外観は刑務所というより、オフィスや病院のイメージに近い。

２０２０年11月時点の「収容患者数」は約２４０人。うち、女性は60人弱。精神疾患を患う女性受刑者約40人の９割を摂食障害が占める。一般の刑務所での対応が難しいためにここに送られてきた受刑者は、罹病《りびょう》期間が20年から30年と長く、入所時の平均年齢は50歳前後だ。

## 自分で水を流せない部屋

センターには、摂食障害の女性受刑者専用の病棟がある。

専用病棟に入ってまず気づくのは、一般の刑務所と違って全室が個室であることだ。廊下を挟み、30前後の部屋が左右に並んでいる。

部屋の入り口の所どころに「水制限」という見慣れない札があった。摂食障害のある受刑者は、食べ物を吐いたり、捨てたりしがちだ。そうしたことができないよう、部屋の洗面所やトイレの水を自分で流せないように制限していることを示すのがこの札だ。「水制限」をすることで、嘔吐《おうと》せずに済む訓練を重ねるのだという。

「別室食事」という札もあった。部屋の中で1人で食事をすると、食べ物を隠す、吐くなどの行動をしがちになる。そこで食堂に集まってみんなで食事をし、食後30分間はその場で瞑《めい》想《そう》をして過ごす。消化のための工夫だ。自室以外で食事する必要性のある受刑者の部屋の入り口にこの札が貼られる。

「物品制限」という札もあった。食べ物の隠匿や自殺、自傷行為防止のため、部屋からロッカーなどの物品を取り除いた部屋を指す。

センターの担当者によると、ここに連れてこられたときは「自分に治療の必要はない」と敵意むき出しで暴れる受刑者が少なくない。やむを得ず、「多機能病室」と呼ばれる監視カメラ付きの特別室に入れることもある。多機能病室は、受刑患者が頭を打ちつけても怪我をしないよう、壁も床もクッション素材になっている。床に小さなトイレ用の穴が空いている以外は、全く物がない。

木目調のやわらかい雰囲気を醸し出してはいるが、生理的欲求以外の機能を最大限までそぎ落としていて、「こんな部屋もあるのか」と驚いた。抵抗感むき出しの受刑者も、この部屋に入って栄養や飲み物が体に入ると徐々に落ち着きを取り戻し、「人間らしい会話が成り立つようになる」そうだ。

「摂食障害の人は裕福な家庭に育ち、成績がよく、高学歴の人が目立つ。反面、対人関係を築くのが苦手で、気持ちのコントロールができず、こだわりが強い傾向が見られる。家庭内虐待の体験をもつ人も多い。親の期待に応えようと必死になり、子供らしい生活を送れなかったケースが目立つ」と精神科医が説明する。

早速、受刑者の声を聞いてみよう。

## 40代、入所四度目「過食・嘔吐をするためだけに食事をしていた」

最初に刑務所に入ったのはおよそ10年前。今回で四度目です。関西にある女性刑務所に入りましたが、摂食障害のために服役中に体重が減り、刑務作業ができないといわれ、1年半ほど前、東京にあるこの医療刑務所に移りました。

身長は150センチ以上ありますが、ここに来る前の体重は30キロあるかないかだったはずです。もう体が悪さ慣れしてしまって、貧血とかめまいとか、低血圧なども、その症状があるのが普通の感じで。何がつらいのかが自分ではわからず、自分が危ない状態にあることを自覚できない感じです。

罪名はいずれも窃盗です。過食・嘔吐といって、たくさん食べて全部吐くという症状です。たくさん食べるために、とにかく食費がものすごくかかる。お金がない、だけれど食べたい、吐きたいという欲求がすごく強くて、それに負けてしまった。一番ひどいときは、食費が月に10万円以上かかっていたと思います。

過食・嘔吐をするためだけに食事をしていたようなものなので、1日3回、朝、昼、夜と食べていたわけではなく、1日1回とか、2回とか。食べ物はスーパーやコンビニで、菓子パンやおにぎり、サンドイッチなど、すぐに食べられるものを盗みました。同じ店に何度も行けないから、スーパーをはしごして。1回1000円未満のときもあれば、3000円を超えたときもありました。

摂食障害が始まったのは20歳を過ぎた頃です。家に、母と父方の祖母、つまり嫁姑《しゅうとめ》がいたんですが、2人の仲がものすごく悪かったんです。父親が単身赴任で家を離れてしまい、きょうだいも家を出ていた。だから、双方の愚痴や不満の聞き役が大学生の私に回ってきました。

「あのばばあ殺してやりたい」

「もう死にたい」

そんな言葉を毎日聞かされるうち、ものが食べられなくなりました。当時は過食嘔吐ではなくて拒食でしたが、だんだん、食べ物が食べ物に見えなくなり、プラスチックでできたおもちゃのように見えてしまって、口に入れるものではないと思えてきて、全く食べられなくなりました。1か月で体重が20キロぐらい減りました。当時、摂食障害はあまり知られていなくて、内科に行ったり、そこで腸内にポリープが見つかったので、そのせいではないかといわれたり。なかなか正確な診断にたどり着けませんでした。

祖母が施設に入り、拒食は回復しましたが、大学を出て就職したら、職場の人間関係のストレスで病気が再発してしまったんです。今度は過食・嘔吐になりました。

働いていたからお金はあるんですけれど、今ここで使ってしまったら、あした食べて吐くためのお金がなくなってしまう。その恐怖心のほうが強くて。万引きをしてはいけないとわかっているのに、食べ物を前にするともうストッパーが、理性が働かなくなりました。

とにかく、「これを食べて吐かなければいけない」という強迫観念に襲われてしまったんです。吐くのはもちろん苦しいんですけど、どちらかといえばそのほうが楽。それをしないよりはしたほうが楽。薬物中毒と少し似ているかもしれないです。

私、発達障害もあるんです。いろいろ考えると、何をどのようにしても、自分は、最後はここにたどり着くしかなかった。何かが違えばこうならなかったのではなく、これが自分の生き方だと。今はそんなあきらめの気持ちが強いです。

発達障害がなければもうちょっと生きやすかったかもとも思いますが、発達障害がない私は想像できないし、摂食障害がない自分もイメージできません。完治はほとんど無理だろうと感じています。

家族は私に振り回されてうんざりしているし、私も家族と一緒に暮らすのはストレスが大きい。だから、出所したら自分の障害を理解してもらえる場所で、何とか自活できればいいなと思っています。


（2020年11月、東日本成人矯正医療センターで）

「食べ物がプラスチックでできたおもちゃのように見えてきた」という言葉が衝撃的だ。この受刑者は中学生の頃、学校で壮絶ないじめと性暴力被害を受けたといい、主治医に「毎日、殴られるために登校した」「人間はモンスター。怖すぎる」と語っていた。自閉症の診断を受けている。摂食障害がある人の発達障害の合併率は2割前後といわれる。

話し方はゆっくりと物静かで、話の内容も論理的。幼い頃から本を読むのが好きだったというのがうなずける。深い絶望とあきらめが漂ってくるようなインタビューで、家庭環境や学校でのいじめをもっと早くどうにかできなかったのだろうかと考えさせられた。

もう1人、受刑者の声を聞いてみる。

## 50代、入所二度目「主人の好みに沿うようにしなければいけない」

ここにきて4か月ほどになります。中部地方の女性刑務所にいたのですが、摂食障害で状態が良くないということで、こちらに来ました。刑務所に入ったのは二度目で、一度目は4年ほど前に入りました。入所のきっかけは窃盗です。食料品が多いですが、衣類とか日用品もあります。

摂食障害の人間は食べるものを吐いてしまう。太ることが嫌で、食べては吐く、を繰り返す。食べてもどうせ吐いてしまい、お金をかけたくないから盗んでしまうとよくいわれます。私もそんな感じだったと思いますが、ここに来ていろいろ考えてみたんですけれど、万引き、つまり窃盗というのは、ものを買わずに盗んでくるのでお金は減りません。ものを得ているし、お金も減らない。いいとこどりです。摂食障害も、食べても吐いてしまえば体重は変わらないという、いいとこどりみたいな部分があります。両方のいいところを自分はとりたい、損をしたくない、という気持ちがすごく強くて、それで窃盗をしていたんじゃないかなと自分では思います。

ダイエットを始めたのは20代後半です。思春期の頃は好きに食べていました。子供を産んでからですね、ダイエットを始めたのは。それがきっかけで摂食障害になりました。ダイエットの原因は主人、もう別れたんですけど、主人だった人から「太っている女の人は好きじゃない」といわれたことでした。主人の好みに沿うようにしなければいけないという思いが強くあった。

あれは結婚する前のことです。私が髪をばっさり切ったら、突然切ったということで主人にすごく怒られ、責められ、しばらく口をきいてもらえなかったことがありました。「髪が長いのが好きだといっていたのに」と。だから、「太っている女の人は好きじゃない」といわれたとき、これは太っちゃいけないと思うようになりました。ちょうど、太り始めた時期だったので、すごく意識して、最初は拒食でした。ほとんど食べなかった。そうすると、食べることがだんだん嫌になってきて、ほとんど食べない状態になったんです。けれども、やっぱり食べないことがつらくなってきて食べ出した。そうすると体重が増えます。体重が増えることが怖くて、食べたものを吐くということを覚えてからはそれを続けました。

初めて窃盗をしたのは、40代になった頃だった気がします。最初の頃は買ったものを食べて吐いていたんですけど、貯金がどんどん減り、底をついてしまった。

結局、主人とは離婚したのですが、それからは、もう仕事がほとんどできない状態になりました。食べ物や体型のことばかりが頭にあると、仕事になりません。性格的にもギシギシしてきて、人間関係も悪くなってしまった。人間関係のいざこざから職場でうまくいかなくなり、仕事が続かなくなりました。働き始めても続かなくてすぐに辞めてしまう。だから、実家の親に無心するか、貯金を崩して使うしかなかったんです。

摂食障害はもう30年ほどになります。治したいと思いますが、ここまで治らなかったんだからもういいやとか、自分の中にはいろいろな考えが出てきます。でも、ここは刑務所なので、私がやる刑務作業のひとつが、食事をちゃんと食べて体重を元に戻すことだと思っています。ここではちゃんと食事の管理をしてもらえるので、やってみようという気にはなりました。

刑務所から出たいと思っていますが、身内にとってみれば、私がここにいることが安心できることかもしれないとも考えます。ここだったら悪いこともしないし、ちゃんと病気の治療もできるから、一番安心だと思うんですよ。そのことを思うと、なるべく長くここにいたほうがいいかなと思ったりもします。だから早く出たいと思う気持ちは、前回のときほど強くないです。今は共同部屋ではないので、部屋で、1人でいろいろなことを考えられるし、いじめという人間関係のつらさもありません。そう考えると、それほど早く出所したいという気持ちはありません。

今思うのは、とにかく、摂食障害にならなかったら良かったのにということ。自分の気持ちをちゃんと伝えられる人間がそばにいてくれて、私も伝えることができていたら、今、ここにいなかったのかなと思います。

（2020年11月、東日本成人矯正医療センターで）

質問に、ときに深く考えながら言葉が紡ぎ出された。

「やせている」「太っている」ことへの他人の評価が、精神的に大きな影響を与えることを改めて感じた。とりわけ女性の場合は、男性に比べ、そうした評価にさらされやすい傾向があるといえよう。

次の受刑者が摂食障害となり、刑務所に来るきっかけになったのもダイエットだ。

## 40代、初入「万引きをやめたいけど、やめるのも怖くてできない」

刑務所に来たのは初めてです。

もともと体重が少なかったんですけど、拘置所でさらにやせてしまって。身長は160センチ以上あるのに体重は恐らく30キロを切り、自分でも生きているのが不思議というレベルにまでなってしまった。このままだと一般の刑務所に移送できないといわれて、拘置所から直接、この医療刑務所に来ました。

摂食障害になったのは10代のときです。単純にやせてきれいになりたい、というダイエットがきっかけです。ただし自分の性格からか、ストイックに食事の量を減らしてしまった。それで満腹中枢がおかしくなったみたいで、かなりやせました。でも、リバウンドするんですね。それまで抑えていた食欲が一気に盛り返し、過食・嘔吐になりました。

万引きを始めたのは20代後半からです。多かったのは菓子パンやお菓子、総菜。1回2000円や3000円ぐらい。もう数え切れないほどやって、「もう来ないで」と出禁（出入り禁止）になった店もあります。

普通にフルタイムで働いていたからお金はあったけど、どうせ吐いてしまうのだからもったいない、お金は出せないみたいな感覚が強くありました。

そのうち、盗《と》るという行為に依存して、盗ること自体が大事になってしまった。義務感というか、脅迫されているような感じになり、万引きをやめたいけど、やめるのも怖くてできない。それがなくなるほうが怖いという感覚になりました。過食・嘔吐を知った夫には理解できないといわれました。今は離婚しています。

30代のとき、一度だけ病院に行ったことがあります。心療内科で、神経性食欲不振症と診断されたけど、ただ診断をもらっただけで、それではこうしましょう、ああしましょうということはありませんでした。私としては、最後の救いとして病院に行って、そこに行けば何とかしてくれると思って行ったんですけど、結局、何も変わらなかった。それに絶望して、病院には二度と行かなくなりました。


皮肉ですが、この医療刑務所に来て、初めて本気で治そうとしてくれているのを感じます。いろいろな治療プログラムをして、本気で向き合い、支えてくれる。お陰で体重が増えました。自分でもびっくりするぐらい。ここに来たときの1・5倍ぐらいに体重が増えたのではないかと思います。数字は直接教えてもらえませんが、来たときの服は恐らく入らないだろうと感じます。面会に来る身内も驚いています。ここで本気で治療してくれなければ、こちらも甘えて隠れて吐いたり、食べ物を隠したりしたと思います。でも、そういう甘えがきかないくらい、本気で心配して全力でやってくれた。ありがたいことだと思っています。

早く外に出たいですけど、ドラッグと違って食べ物はいたるところにあり、ものを食べなければ生きていけないから、たくさんの誘惑がある厳しさを感じます。よっぽど自制していかないと。自由だけれど、自由じゃないという縛りを感じます。ただ、ここでの経験を振り返れば、自分はもう裏切れないなとは思います。刑務官や医師、看護師の人に対してもそうですし、自分のことも裏切りたくない。

国に対してもそうですよね。税金で治療してくれているということは、社会の一員として、自分も社会にいてよいのだと感じるので、出所したらしっかり働いて納税したい。迷惑をかけたお店にも、自分が買い物をすることで恩返しして償いたい。

それと、万引きした人がやせすぎの場合、摂食障害を疑い、治療につなげてくれるような社会であればいいなと思います。「摂食障害なんです」という言葉を本人がいえて、周囲も障害に対する理解があれば、こんなに繰り返し、刑務所には来ないと思う。出所後は、そのための活動をしたいと思っています。

（２０２０年11月、東日本成人矯正医療センターで）

はきはきした口調が印象的だ。

「盗るという行為に依存して、盗ることが自体が大事になった」「万引きをやめたいけど、やめるのも怖くてできない。それがなくなるほうが怖い」「税金で治療してくれているということは、社会の一員として自分もいていいのだ」という言葉が印象に残った。

インタビューした3人の受刑者の言葉からは、摂食障害や、それに伴う窃盗という行動の裏に、深い心の闇があることが垣間見える。

その闇にどう明かりを灯《とも》し、回復や更生につなげようとしているのか。センターでの治療法には、ヨガや習字などの作業療法や、読書療法、受刑者同士が話し合う集団療法などがある。治療プログラムの一端を紹介する。

## 集団療法をはじめとする治療プログラム

この日、集団療法に参加した受刑者は5人。15人も入ればいっぱいになる部屋の中で、精神科医などの職員も交えて輪になって椅子に座る。部屋の隅にあるホワイトボードを時折使いながら、さまざまなことを話し合った。

職員によると、受刑者が互いの目を見て自由に話せる機会は、一般の刑務所ではほとんどない。自分と同じような境遇の人間と出会い、抱えている思いをはき出せるため、月1回、1回1時間半のこの集団療法の時間を楽しみにしている受刑者が多いという。

プログラムは、各自が瞑想し、自分の呼吸に集中するところから始まった。この日のテーマは「どう生きるか」。過去の楽しかった思い出やつらかった思い出を心の中で思い浮かべ、それに対して今、どう感じるかなどの思いを共有する。

精神科医に促され、ぽつりぽつりと自分の思いを語り出す受刑者。握ったこぶしを両膝《りょうひざ》の上に置いて話す受刑者もいれば、両方の足先を内側に大きく曲げ、じっと人の話に耳を傾ける受刑者もいる。なぜ摂食障害になったのかなども話に出る。ほかの受刑者の話を聞いているうちにつらい思い出が蘇《よみがえ》ったのか、涙を浮かべたり、鼻をすすったりしている受刑者もいる。最初は医師の進行で始まったが、一巡するうちに、司会役を任された受刑者が順次、司会をするようになった。そのほうが話しやすさが増すようだ。

そこでのある受刑者の発言。

「摂食障害と診断され、それを受け入れられない期間が20年ほど続いた。ここに来て、食べ物を吐かないことが次第に楽になった。そう気づいたとき、初めていろいろなことを受け入れられる気持ちになった。ただ、食べることは克服できても、体型の変化まで100%受け入れられているわけではない。その葛藤《かっとう》がすごい」

うなずく受刑者がいる。

別の受刑者がいう。

「やせていればやせているほどきれいだという美の感覚があったので、人から顔色が悪いといわれても、やせているに越したことはないと思っていた」

この言葉に対し、「私はそこまで拒食ではないけど、おなかに食べ物がたまっている感覚がすごく気持ち悪くなってしまった。やせているほうが美しいという感覚とは少し違う」という発言もあった。

高校生の頃に過食となり、30年間、吐き続けてきたという女性は「毎日毎日つらかったが、過食・嘔吐がずっと邪魔だったかというとそうではない。嘔吐することによって仕事のストレスが解消できた面もある」と話す。一方、「水一滴でも飲むと出さないと気が済まず、常に体が乾いている状態だった。今は普通にお茶が飲めるようになり、自分でもすごく進歩したと思っている」とも話した。

こんな受刑者もいた。

「小学生のときに親が離婚し、父親と暮らすことになったが、すぐに新しい母親が来た。妹が生まれると妹ばかりが愛され、母親がつくったものを食べたくなくなった。あるとき、吐くという方法があるのを知り、以来、吐くのが日常化して、手に『吐きダコ』ができた。それを人に見られるのが恥ずかしくて、手を使わずに吐く練習をした。自分の病気には幼少期や親の影響が大きいと思う」

「吐きダコ」という言葉にこの病気の壮絶さを思う。職員によると、手を喉《のど》の奥に突っ込むため、上の前歯に手の甲があたる。人差し指や中指の第三関節あたりに「吐きダコ」ができる人が多いそうだ。

「母親」が話題になることも多かった。

「私は母親が大好きで、母の期待にこたえられない自分のことは好きになれなかった」と話す受刑者もいれば、「うちは離婚家庭で母親に引き取られたが、めったに家におらず、家事は全部自分でした。母親のことは、母親だとは思っていない」という受刑者もいた。

全員が感想を述べ合う場面では、「こんな経験をしているのは自分1人だけじゃないと知って安心した」「もっとみんなの話を聞きたい」などの声が目立った。

## 犯罪リスクは誰にでもある

同じ摂食障害を患っても、窃盗などの犯罪に走る者と、そうでない者がいる。どこに違いがあるのだろうか。

プログラム終了後、摂食障害に詳しいベテランの精神科医に聞くと、「犯罪リスクは誰にでもあり得る。できるだけ早いうちに、適切な治療につながれたか、適切な家族教育を受けられたかどうかが大きい。早期発見と早期介入がこの病気の治療にはものすごく重要」との答えが返ってきた。

医師と1対1で行う個別診療の現場も取材する機会があった。

この日、診察室を訪れた受刑者は30代。父親が家庭で絶対的な権威を持ち、何か話すと「おまえはだめな人間だ」といわれる子供時代を送った。母親に依存し、いつまでも実母に守られていたいと、成熟した女性になることを恐れ、拒食で生理が来なくなると安心した。「赤ちゃん願望」というのだろうか。体が女性らしく丸みを帯びてふくよかになるのを恐れ、生理がこなくなることを歓迎する患者は一定程度いると聞いた。

この受刑者の場合、10代から過食・嘔吐が始まり、引きこもりの状態が長く続いた。

驚いたのは、医師とのやり取りで出た次の言葉だ。

「こんなことといったらあれだけど、刑務所にいるほうが気持ちもすごく楽。刑務所に入って、人間関係が広がった」

また、父親との関係について、「関係はすごく厳しかった。けれど、そういうことを考えては駄目だと思っていた。ここに来て、先生が『いろんな気持ちをもっていいんだよ』といってくれたので、すごく安心した」との発言もあった。

## 「刑罰」か「治療」か

摂食障害を持つ受刑者の治療や指導にあたる職員の悩みは深い。物を吐いたり、消費カロリーを増やすために勝手に運動したり……。そうした受刑者の行動の多くが、刑務所では違反行為となるからだ。「刑罰」と「治療」のどちらを優先するかを迫られることも多い。「治療しなければいけないけれど、懲役受刑者には刑務作業もさせなければならない。その兼ね合いがとても難しい。累犯が多く、本人たちにはそれほど治す気がないのも悩みの種です」と現場の刑務官が説明する。

管理が行き届く刑務所の中では、拒食や過食・嘔吐をやめさせることができても、一般社会に戻ると再び万引きをし、何度も刑務所に舞い戻ってくる受刑者が少なくない。それが職員のストレスや心身の負担となって跳ね返る。

「治療を終えて一般の刑務所や一般社会に戻ったのに、『先生、また来ちゃった』と、ここに戻ってくる。そうした受刑者を見ていると、なんのための指導だったのかとがっかりしてしまう」

その通りだろうと思う。

**摂食障害に見られる「認知のゆがみ」**

摂食障害のある受刑者への対応の難しさは、医療刑務所だけでなく、一般刑務所にいる職員も同じだ。

一般刑務所に勤務するある医師に話を聞いた。

——摂食障害のある受刑者を診療する際に感じていることを聞かせて下さい。

「現在、10名ほど摂食障害の受刑者がいます。『食べ吐き』が日常生活の一部になってしまった受刑者の場合、これを治すのは不可能ではないかと思わずにはいられないほど難しいと感じます。本人に『自分で治そう』という気が起きにくいので家族のサポートが必要になるのですが、刑務所という場所柄、ここでは家族の協力が得られません。やせればかわいい、きれいだと信じている彼女たちにとって、体重を減らすことが生きる自信につながっている面がある。そこを奪われると自信を失うので、体重を増やすことには必死で抵抗するのです」

――どういう対応をしているのですか。

「受刑者の健康を守るこちらの立場からすれば、半ば強制的にでも吐くことをやめさせなければなりません。一般に周知されていませんが、摂食障害は死亡率の高い、危険で、怖い病気です。『本当に死にますから』といって食事をさせようとしますが、彼女たちには馬の耳に念仏です。認知のゆがみがあるため、『太った医者が何を勝手なことを言っているんだ』と受け止められてしまう」

――認知のゆがみですか。

「はい。若いうちは病気の危険性を受け止めることができても、20年、30年、40年と月日がたつうちに、過食・嘔吐を絶対認めずに、治りにくくなってしまう受刑者がとても多い」

――具体的な対応策としてはどんなものがありますか。

「過食・嘔吐を防ぐため、かわいそうではありますが、食後2時間ほどはトイレも水道もない別室で待機させ、看護師に監視してもらうことがあります。それと、食事の量を減らす治療もします」

――摂食障害で体重が減っているのに、食事の量を減らすんですか？

「たくさん食べてほしいのに食事の量を減らすのはおかしな話のようですが、たくさん食べたほうが吐きやすいんです。だから主食を半分または3分の1に減らして、『少なくともこれぐらいは食べて下さい』と受刑者にいいます。体重が増える恐怖心を減らすとともに、たくさん食べて吐くことを予防するために、食事の量をわざと少なくしています」

——ほかには。

「事前に日時を教えて診察室に呼ぶと、警戒して水をがぶ飲みしてくる受刑者がいます。抜き打ち的に呼んで体重を量り、明らかに体重が少なければ医療刑務所に送ります。医療刑務所で治療を終えてここに戻ってくると、口では『吐きません』といっても、晴れて自由に吐き出す受刑者が多いですね」

——医療刑務所で治療をしたから安心というわけにはいかないんですね。

「体重が増えることに恐怖心がある病気なので、受刑者は常に動いていようとします。『体重が30キロを超えたらアウトだ』と思い込む認知のゆがみをなくそうと、根気強く治療を続けます。摂食障害の原因となっている精神的な部分の診療がまず重要です。それをしつつ、これ以上体重が減ったら運動の時間をなくすとか、ハイカロリーなものを飲ませるといった『ムチ』も使いながら、何とか体重が減らないように試行錯誤しているのが現実です」

医療を行う側の苦悩がにじみ出るようなインタビューだった。

刑務所は二度と罪を犯さないようにと刑罰を科す。

しかし、あるベテラン刑務官は「刑罰に効果があるかどうかは正直、疑問です。彼女たちからすると、刑罰を受けることよりも、太ることのほうが怖いのだから」という。

一般に、刑務所における自由刑が犯罪の抑止力になっていると考えられているが、「全く抑止力になっていない」と見る職員は少なくない。

ある職員が述べた次の言葉が忘れられない。

「彼女たちにとっては、刑務所に来ること以上に怖いことが、きっと社会にはあるのだと思います」

# 第3章　覚醒剤にはまる女性たち

## 女性受刑者の犯罪、二大トップは窃盗と覚醒剤取締法違反

摂食障害と同じく、「刑罰」と「治療」を巡って刑務所を悩ませているのが、覚醒剤《かくせいざい》による犯罪だ。

女性受刑者の犯罪の二大トップは窃盗と覚醒剤取締法違反だ。この二つで罪名全体の8割を超える（窃盗46・7%、覚醒剤取締法違反35・7%）。傾向として、50歳を境に、それより上の年代では万引きなどの窃盗が圧倒的に多いのに対し、下の年代では覚醒剤取締法違反が多いといわれる。

犯罪白書によると、覚醒剤は中枢神経を刺激する薬で、覚醒剤取締法で規定されたアンフェタミン、メタンフェタミンなどを指す。主に無色または白色の結晶性の粉末だが、氷砂糖のような結晶体のものや、「ヤーバー」と呼ばれる錠剤型のものもある。

鼻からの吸引、吸煙、または口からの摂取のほか、液体に溶かして注射するなどの方法がある。摂取することにより「多幸感」や自信が増し、作業能力が向上するほか、眠気や食欲を抑えるなどの効果があるとされる。その一方で、攻撃的行動や幻覚、妄想、頻脈、高血圧などを引き起こし、死に至ることもある。

覚醒剤は他の犯罪に比べて、再犯リスクが高いことで知られる。特に女性の場合、再犯者

の９割以上が前刑も覚醒剤取締法違反（男性は８割弱）で、入所と出所を繰り返すパターンが目立つ。

第３章では、覚醒剤取締法違反で服役中の女性の「声」を聞きながら、実刑にいたった背景などを探ってみる。

## 多言語の本が並ぶ栃木刑務所

薬物依存のある受刑者の更生に向け、刑務所の中ではどのような指導をしているのだろうか。その様子を取材したいと、栃木県栃木市にある栃木刑務所を訪れた。

ＪＲ両毛線《りょうもう》「栃木駅」から車で約15分。運輸会社の倉庫や食品メーカーの建物近く、背後には川が流れるという立地に栃木刑務所はある。全国に11ある現存の女性刑務所の中では最も古く、入所者数も最も多い。取材に訪れた２０２０年11月時点の入所者数は約５００人。平均年齢は50歳で、最高齢は87歳だ。

全国的に見ると、女性受刑者の罪名で最も多いのは窃盗で、次が覚醒剤だが、栃木刑務所では覚醒剤が約４割と最も多く、次が窃盗の約３割となっている。これは、外国人の受け入れ施設になっていることで、いわゆる覚醒剤の「運び屋」が多いためだ。インタビューした女性受刑者の中には、覚醒剤を密輸しようとして覚醒剤取締法違反と関税法違反で捕まって服役中というメキシコ人の40代の受刑者もいた。

外国籍の受刑者は栃木刑務所の受刑者全体の3割を占める。受け入れ対象の国・地域は実に多彩で、その数は33に上る。最も多いのはタイ。マレーシアや中国などがそれに続く。余談だが、刑務所内には図書室がある。のぞくと、「スウェーデン語」「タイ語」「韓国語」「エストニア語」「モンゴル語」など、実に多くの言語の本があって驚かされた。

## 薬物依存離脱指導

薬物依存のある受刑者を対象に実施される改善指導があると聞いて教室をのぞいた。「薬物依存離脱指導」という。なぜクスリを使ったのか、出所後、使わないためにはどうすればよいのかなどを、教育専門官と呼ばれる刑務官の指導のもと、受刑者数人が一緒になって考える。

20人も入ればいっぱいになる部屋に入ると、教育専門官が、受刑者に椅子から立ち上がるように促していた。専門官の後ろにはホワイトボードがあり、そこには船と錨《いかり》の絵が描かれていた。

立ち上がった受刑者に専門官が呼びかける。

「今から皆さんに目をつむったまま、その場で足踏みをしてもらいます。いいですか。では、目を閉じて。用意……。スタート」

ピンク色の作業着を着た女性5人が、その場で一斉に足踏みを始めた。

1分ほどして「はい、終わり、目を開けて」と教育専門官がいう。受刑者が目を開けると、「あれー」の声。自分では同じ場所にいたつもりなのに、元いた場所から体がずれていたり、体の向きが横になっていたりしたためだ。

「目を閉じて足踏みし、目を開けてどう思いました？」

専門官から問われた受刑者は、「目を閉じていると怖い」「周りからの力によって、横に行ったり、後ろに行ったりしてしまう」などの感想が聞かれた。

「そう、自分では意識していなくても、無意識に体が動いてしまうということを体験してもらいました。自分で意識しない力があるということです。生活の中での薬物も同じ。無意識にクスリに近づいていってしまうことがある。では、同じところにとどまっているには、どうしたらよいと思いますか？」

問われて、受刑者が「何かにつかまる」「誰かに場所を教えてもらう」などと答える。

「いいですね。ほかには」

「そっちに行くと危ないと誰かから声をかけてもらう」「現実を直視する」などの意見が受刑者から上がった。

専門官は、船と錨の絵が描かれたホワイトボードの横に立ち、「船を安全な場所にとどめておくには錨が必要。でも、1本の細い綱だけでは波や風で流されかねない。大事なのは何本かの綱を持ち、断薬した安全な側にとどまり続けること」と説明に力を込める。

こうした指導を繰り返し受講することで、受刑者が再犯に走らないようにしている。

## どんな人が多いのか

刑務所には、教育学や心理学などを専門とし、受刑者への改善指導や処遇調査、カウンセリングなどにあたる専門の職員がいる。日頃、「薬物依存離脱指導」で受刑者と接している教育専門官と、受刑者の家庭環境や職歴を調べ、受刑者に適した更生の方法を探っている調査専門官に、受刑者の傾向やクスリの入手方法、更生への手立てなどを聞いた。

どういう受刑者が多いのかという質問に対して2人が口をそろえたのが「問題解決能力が低く、自分を大切にする自尊感情も低い」という言葉だ。

困難に出合った時、何をどうすればよいかの問題解決能力や危険予知能力が低いため、困った揚げ句、投げやりや自暴自棄となり、目の前の快楽や甘言に流されてしまう。「薬物が、人間関係がうまくいかなかったときの逃げ道や、自分を守る術《すべ》になってしまっています」

どうしようもなくなってしまった末なのだろう、自殺念慮や自傷歴が多いのも女性の特徴だ。

自尊感情の低さとしては、次のような例が挙げられた。薬物依存離脱指導で対人関係をどう構築するかについての話し合いが行われた後、「性行為のない男性との関係って、どういう関係を指すのですか？」と、専門官に真顔で尋ねてきた受刑者がいた。男性に大切に扱われた経験がなく、自分自身もそんなものだと思っている。総じて、１人の人間として尊重された経験が少ないから、自分も人に対してどう接してよいかがわからず、どうされたいかもわからない。だから「表面上、優しい言葉をかけられたり、体を求められたりすると、自分が大切にされていると勘違いしてしまいがち」なのだという。

薬物が「人間関係がうまくいかなかったときの逃げ道や、自分を守る術になってしまっている」という専門官らの指摘に、インタビューした30代の受刑者が頭に思い浮かんだ。この受刑者は取材中、「逃げ癖」という言葉を使っていた。どういうことか。

## 30代、初入「独りぼっちや、寂しいのが一番危ない」

ここにきて1年半が過ぎました。刑務所に来たのは初めてです。覚醒剤取締法違反です。クスリを初めて使ったのは、はたちになる少し前。友達に勧められ、興味もあったので使いました。当時の私は、普通じゃないことをやりたかったんだと思います。でも、そのときは、特に惹《ひ》かれるものがなく、それきりでした。

その半年後、友達に「まだやってるの?」と聞いたら、「やってるよ」と。ちょうどそのとき、仕事に疲れていて、何かいやな感じだったので、「持っている?」と聞くと、「持ってるよ」と。そこから薬物にはまりました。友達は女性です。高校の頃の友達です。

仕事は、飲食店や接客業を中心に、アルバイトばかりしてきました。仕事で躓《つまず》いたり、仕事に疲れてしまったりしたときに使うのが、私のパターンです。一生懸命仕事をやり過ぎて体調を崩し、休んだ瞬間に仕事ができない自分、働けない自分を責め始める。自分は何ももっていないんだなあという気持ちになり、それがどうしようもなくなってしまう。逃げですよね、現実逃避。

1回、結婚したことはあるんです。20代半ばの頃。でも、子供はなく、1年少しぐらいで結婚期間は終わりました。

クスリは友達から手に入れていたんですが、その友達の様子が何だかおかしくなってきたので、自分でインターネットのサイトから手に入れるようになりました。昔は、あるワードを入れると出てくるサイトがあったんです。そこで売人を見つけてメールでやり取りして、売人と会う。今、考えるとすごいことをやっていたなと思いますが。自分はこういう格好をしていると服装を教え合って、道の真ん中で会うんです。それらしき人が来て、あなたですねといわれて、歩きながらクスリを渡される。お金をさっと渡して終わり。1グラム2万5000円から5万円ぐらいの幅があったと思います。1週間分以上は怖いから持たない。それで自分で注射を打つ。

隠しているつもりだったけど、親をはじめ家族は知っていたと思います。打つと様子がおかしくなりますし。変な行動を取っていたのを見せていたこともあるんで。疑われているなって自分で感じるときもあった。特にきょうだいですね。こちらが使っていないときまで「使っている」といっていた。当時の自分は疑われることがとても嫌だった。ちゃんと暮らしているのに、なぜ、みたいな。きょうだいや親との間にずれが生じて、うまくいかなくなって。みんながピリピリしている状態になり、接点を避けるようになりました。

家族ばかりではありません。友達とも。私の場合、人との関わりを避けて、すごく孤独になっていきました。クスリを使ってしまうんだけど、使っていることはばれたくない。向こうから距離を縮めて来ようとすると、うっとうしく思って、疑心暗鬼になって、自分から壁を作りました。とにかく、関わる人を作らないようになって、すごく孤独になりました。

クスリは、気持ちいいというより、どちらかというと苦しいですかね。最初に使ったときは良くても。クスリを使っていると、何かを継続していく気力や体力がどんどんなくなっていくし、いかんせん、独りぼっちでやっていることなんで、つらくなってくるんですよね。

ここを出たら、更生保護施設に行く予定です。私には、帰れる実家がないから。拘置所時代から、ある薬物依存の自助グループと接点があり、できるだけ早くそこに行きたいなと思っています。

自分は、逃げ癖がついていると思っています。基本的に、嫌なことから逃げ出したい。それでクスリを使っていた。壁にぶち当たったときに、対処法を知らないままに、ここまで来てしまった。これから大変だろうなとよく不安になる。壁にぶつかったときの対処法を聞いたり、教えてもらったりすることが自然にできる年齢をとっくに過ぎてしまっているので。

出所してからのことがすごく不安です。クスリを使っていたことと、刑務所にいたことを、ひた隠しに隠して生きていかなければならないのかなと思うと。恥ずべきことなんで、もちろん、伏せますけど。でも、職場で信頼できる上司ができて、心を許していくうちに、カミングアウトができたらいいなって思っているんですね。自分が50歳、60歳になったときに、周りにそういう心を許せる人が多くいればいいなということを漠然と思っています。

いろんな本を読むと、元受刑者はしんどそう。ここまで更生したからもう大丈夫ですというわけにはいかなさそう。自分のでっかい秘密を打ち明けられるような、自分がありのままでいられるような場所が、少しでも増えていく世の中になればいいなあというのを思っていまして。

正直、以前は荒《すさ》んでいたなというか、心が寂しくて。そういう状態でいると、犯罪を起こす確率がすごく高くなるような気がします。独りぼっちや、寂しいのが一番危ない。自分をはき出せる場所だったり、ありのままでいられる場所だったりが、世の中にもうちょっとあるといいな。

家族はもうばらばらで、全く会っていません。それでいいと思っています。お互い、傷つけずに済むかもしれないので……。ここでフォークリフトの運転技術を学んだので、できればそれを生かして、運送業で働いていきたいと思っています。

（2020年11月、栃木刑務所で）


ショートヘアで、学生といっても通用しそうな雰囲気の受刑者。自分の言葉を確かめるように、時に考え込みながら言葉を返した。

「寂しいのが一番危ない」というのは実感だろう。高齢者の犯罪のところでも「孤立」「孤独」が犯罪の要因として出てきた。もちろん、孤立や孤独を感じた人のすべてが罪を犯すわけではないが、家族の崩壊まで招く前に、何とかできなかったのかと思う。

## 受刑者には「被害者」も多い

2人の専門官の話を続けよう。受刑者の特徴として2人は「成育歴が複雑で、『安全基地』を得られずに生きてきた人が多い」という点も指摘した。刑務所に入ったその当該の事件では犯罪者や加害者ではあるが、その原因を紐解《ひもと》いていくと、実は虐待や性被害の被害者であることが多い。加害や被害を繰り返して人間不信になっているケースもある。

「更生が一筋縄ではいかない難しさがここにはある」と2人は強調する。

この「成育歴が複雑」「犯罪者や加害者であると同時に被害者」という点は、法務省の法務総合研究所の特別調査でも指摘されている。

調査が掲載されているのは「令和2年版犯罪白書」だ。

同書は、「近年の注目すべき犯罪」として「薬物犯罪」を取り上げている。若者を中心に大麻取締法違反の検挙者数が急増していること、２０１９年に、受刑者に占める覚醒剤取締法違反の受刑者の割合が約４分の1、女性に限れば約３分の1を占めたこと、覚醒剤取締法違反の出所受刑者が5年以内に再び刑務所に戻ってくる割合は窃盗とともに他の犯罪に比べて高いこと、などから特集が組まれた。

特別調査は、法務総合研究所が国立研究開発法人国立精神・神経医療研究センターと共同で実施した。調査対象は２０１７年7月３日から8月21日（女性は11月30日）までに全国の刑務所に服役中で、罪名に覚醒剤取締法違反がある者だ。男性４６２人、女性２３７人の計６９９人から回答を得た。平均年齢は43・５歳。再入者（受刑のため刑務所などの刑事施設に入るのが二度以上の者）は74・１％を占める。

暴力団への加入状況は、男性は10・８％と約1割を占めたが、女性はゼロだった。覚醒剤の入手先は、「連絡先を知らない密売人（路上で声をかけられたなど）」が男性で高かったのに対し、「交際相手、配偶者」が女性では多かった。購入費用で、男性に比べて女性の割合が顕著に高かったのは「無料で入手（配偶者や交際相手からの譲渡含む）」「公的扶助（生活保護費など）」「売春などによる収益」。覚醒剤の「乱用開始年齢」（質問ママ）は、女性は47・４％が20歳前から初めており、男性の35・１％に比べて若い時期からの使用が顕著に高かった。

覚醒剤を使いたくなった場面は、「クスリ仲間と会った時」が男女とも最多で、男性は60・6%、女性は53・2%。男性は女性に比べて「セックスをする時」(46・3%)、「手元にお金がある時」(39・4%)が顕著に高かったのに対し、女性の場合は「自分の体形が気になる時」(31・2%)、「誰かとケンカした後」(29・1%)が目立った。

覚醒剤を使いたくなったときの感情としては、男女とも「イライラする時」が5割前後と最多を占める。次いで男性は「欲求不満の時」(33・1%)、「気持ちが落ち込んでいる時」「退屈で仕方がない時」(いずれも31・8%)の順。女性は「気持ちが落ち込んでいる時」(42・2%)、「自分自身がイヤになる時」(41・8%)、「孤独を感じる時」(39・7%)の順だった。

覚醒剤使用による本人のメリットを尋ねた調査では、男性は「性的な快感や興奮が得られる」(60・8%)が最も高く、次いで「集中力が増す」「憂鬱《ゆううつ》な気分や不安を忘れることができる」「疲れが取れる」の順。女性は「疲れが取れる」(47・7%)が最も高く、次いで「憂鬱な気分や不安を忘れることができる」「現実逃避ができる」「やせられる」の順だった。

どちらかというと、男性は快楽のためにクスリを使うのに対して、女性は「現実逃避」や、「やせるため」が多いことがうかがえる。

調査の中に「小児期逆境体験（ACE＝Adverse Childhood Experiences）」についての質問がある。小児期逆境体験とは、子供のときに遭遇した心的外傷を引き起こす可能性のある出来事をいい、心身の健康に様々な影響を及ぼすとされ、犯罪や非行との関連も指摘されている。ここでは、18歳までの小児期逆境体験として、家族の飲酒問題や違法薬物使用、家庭内暴力の有無などを調べている。

それによると、「親が亡くなったり離婚したりした」という経験は男女とも５割を超えていて、最も多い。女性では「家族から心が傷つくような言葉を言われるといった精神的な暴力を受けた」「家族から殴る蹴《け》るといった体の暴力を受けた」割合が約４～５割と、男性に比べて顕著に高かった。「家庭内に刑務所に服役している人がいた」との質問に対しては、男性の９％、女性の17・１％がいたと答えた。

どうだろう。

「成育歴が複雑で、『安全基地』を得られずに生きてきた人が多い」という２人の専門官の言葉は、調査からも裏付けられたといえよう。

「成育歴」で思い出したのは、２０２０年11月に笠松刑務所で話を聞いた60代の受刑者のケースだ。いうまでもないことだが、小児期逆境体験と呼ばれる体験をした人がみな罪を犯すわけではない。そこは誤解のないように強調した上で、次の受刑者の話に耳を傾けてみたい。

### 60代、入所七度目「刑務所は来るとこじゃない。人生を無駄にするところ」

刑務所に入ったのはこれで七度目。ここには4年ほど前に入りました。今回の刑期は5年です。罪名は、放火と窃盗と詐欺と覚醒剤取締法違反です。

知り合いから、「あの店に火を付けてくれ」と頼まれたんです。その知り合いに借金をしていて、「火を付けたら、借金を帳消しにしてやる」といわれて。その店も、放火の件は承知していて、保険金目的の詐欺になっているからと聞かされていました。でも、捕まった後、その店は何も知らなかったということがわかりました。

火を付けに車で行くのに別の車から盗んだナンバープレートを付け、ガソリンも、盗んだ他人のクレジットカードを使って入れました。

防犯カメラで火を付けているところを見つかり、捕まりました。覚醒剤で気持ちが大きくなってしまった。覚醒剤を使っていなかったら、こんな大きな事件は起こさなかったと思います。

クスリを最初に使ったのは20代の後半です。当時、関西でスナックを経営していました。その店で雇っていた女の子がクスリをやっていて、「やせるのにいいよ」と勧められて。実際、クスリをするとやせるし、イライラした気分が不思議なことにすっかり落ち着くんですよ。覚醒剤は知り合いのつてを使って売人から買いました。注射は自分で。自分のお金で買ったクスリを自分の体に入れるだけで、人を傷つけるわけでもないから、罪の意識もありません。注射は10日にいっぺんほど。みんなのように毎日打っているわけではないので、依存などということは思いも寄らず、「自分はいつでもやめられる」と思っていました。

最初に刑務所に入ったのは30歳になる少し前。友達にしゃべられてしまったんです。あとはそうですね、だいたい4年ごとぐらいに刑務所に行っていました。覚醒剤取締法違反がほとんどですが、窃盗や詐欺が加わったときもあります。刑務所は北海道から関西まで、本当にいろんなところに行きました。

私、刑務所で生まれて、乳児院に1年いて、そこから児童養護施設で育ったんです。施設には18歳までいました。きょうだいはいるけれど、施設で育っているから付き合いはありません。

20歳の頃に結婚して、子供が生まれました。覚醒剤を使っていることは、夫も、子供も知りませんでした。でも、捕まって刑務所に入ったことから結局、離婚されて、子供はだんなに引き取られました。子供には会わせてもらえていません。子供ですか？　それは会いたい。いつも会いたいと思う。けど、こんな私に会わない方がいいのかなとも思います。

仕事は、高校の後、会社に入り、電子部品の組み立ての仕事をしていたことがあります。それ以降は、だいたい水商売です。自分で経営したり、人に雇われたり……。刑務所から出てすぐ後は、友達のつてを頼って、スナックで働いたり、喫茶店でウェイトレスをしたり。おうどん屋さんで働いたこともあります。

まともに働こうとすると、刑務所にいたとはいえないので、履歴書に空白ができるんですよね。そのときは「主婦してました」とか答えたりして……。

水商売しか知らんから、また自分で商売したいと考えるんだけど、刑務所ばかり行ってるから資金をためる暇がない。借金をすると、返すのがしんどいし……。今はもう、水商売が盛んな時期も終わったと思うから、どうなのかなと思う。それにだんだん、自分も年齢がいってきたし……。

まじめに働こうと考えたことはあるんです。刑務所に入ると、職業訓練があります。自分はフォークリフト、荷物運搬の運転技術を習いました。その資格を生かして運送会社に応募して、採用試験を受けたんです。だけど、刑務所の中ではうまくできたフォークリフトの運転が、実際の試験ではうまくできず、物を運ぶのに失敗して、不採用となりました。それでもう、心が折れてしまった。働く気がなくなってしまって……。そうなると、生活保護です。今いる刑務所で、ビル清掃の技術を学びました。年齢からいってもこれが最後のチャンスだと思うので、今度ばかりは出所したら、どこか住み込みで働かせてくれる会社を見つけて一生、働ける限り働きたい。どこかに雇ってもらって、自立した生活を送りたい。

覚醒剤はもうしません。今回したら終わり。60過ぎて何してんのという感じ。次に手を出したら死んだ方がいい。

自分でも、いつの間にか60を過ぎた年齢になっていて、びっくりしています。思えば30年ぐらい、刑務所を出たり入ったりしてきました。気づいたら、こんな年になっていた。身近にいたのは覚醒剤してる人だけ。どうしたのと心配してくれる友達がたくさんいたのに、駄目な自分を見せたくなくて遠ざかるうち、誰もいなくなってしまった。ただ、誰も悪くない。誰も悪くありません。悪いのは自分やから。

刑務所ですか？　刑務所は来るとこじゃない。人生を無駄にするところ。本当にそう思います。若い頃は気づかなかったけど、それが今頃になってやっとわかりました。もう少し早く気づいていたら、私の人生も違っていたと思う。20代、30代の頃の10年間と、50代、60代の頃の10年間は全然違います。やり直しには時間が足りないような感じだけど、今度こそクスリをやめて、仲間との連絡も絶って、まじめに働いて暮らしたい。今度はいつ捕まるんだろうかと不安に思うことなく、落ち着いて、静かな暮らしをしたいと思っています。

（2020年11月、岐阜県の笠松刑務所で）

はきはきと、時に身ぶり手ぶりも加えながら話す受刑者。「20代、30代の頃の10年間と、50代、60代の頃の10年間は全然違う」と語る言葉には実感があった。インタビューをしながら、受刑者の人生模様を聞いている気分になった。

もう1人、やはり人生の物語を聞いている気分になった受刑者がいる。

## 70代、入所五度目「家族がおらん人は、ここが恋しうなると違うかな」

ここにきて、5年近くが経ちます。覚醒剤の営利目的使用の罪で入りました。刑務所は五度目です。恥ずかしいです。いずれも覚醒剤ばっかりです。

覚醒剤と関わるようになったのは、密売人と知り合って、一緒になったからです。それで徐々に深入りするようになって、見よう見まねで自分も売りさばくようになりました。籍は入ってなかったですけど、30年ほども一緒におったもんで。でも、縁を切らんことには絶対、この道から足は抜けられへんと、今回初めて、この年になって気づきました。

生まれは関西です。中学校を卒業して、家の仕事を手伝ったりして働きました。20代の頃、ある人と一緒になって子供もできたんですが、これが働かん男で苦労して。うちの親などにも迷惑かけて、これではあかんと思って別れました。

そのうち、子供ごと面倒見てくれるという人に出会い、一緒になったんです。最初の人とは籍を入れてなかったんですが、今度は籍を入れて。その人とは15年ぐらい一緒にいてました。でも、酒癖も女癖も悪くて、またすごく苦労して。酒飲んだらすぐ殴る、蹴るでね。生傷が絶えなかったんです。

私、子供を連れていったから、連れ子ですわね。それを承知で一緒になったのに、連れ子め、といわれた。この言葉には泣きました。別に隠して一緒になったわけじゃあるまいし、知り尽くして一緒になったのに、なぜこんなことといわれなあかんのかなと思って。我慢しよう、我慢しようと暮らしてきましたが、あまりに生傷が絶えないのをみて、身内が間に入ってくれたんです。それで別れることができました。

40代になり、友達の紹介で知り合った人が覚醒剤の売人やったんです。最初は知らなかった。でも、賭博《とばく》をやってはったから、すぐわかりました。売人とわかった後でも別れんかったのは、まあ、惚《ほ》れてたってことですよね。

クスリは好奇心から自分でもやりました。自分で注射を打つんです。怖いというよりは好奇心で。打つと、やっぱり気が晴れるというかね、嫌なことを何もかも忘れられる。どっぷりつかってしまいました。で、クスリが切れてきたらしんどいからまたやる。切れてくると何をするのも嫌になり、気分が悪くなります。

見つかって、最初に刑務所に入ったのは40代の半ば近くです。そこから出たときは、子供が引き受け手になってくれました。そこにまた売人の男がやってきて、ついまたね、よろよろと子供との暮らしを忘れて男のほうに走ったりして。

実は、子供と住んでいたとき、子供夫婦が夜、いつもけんかをしていたんです。聞くと、刑務所帰りの私と一緒に住むのが怖いと子供の連れ合いがいっていると。私、それを聞いたとき、いっぺんに泣けてきました。悲しくて、悔しくてね。それがわかった以上、ここにはいてられないと。ちょうどそんとき、男がやってきたから、その売人のほうに行ってしまったんです。

覚醒剤を売りさばくようになったのも、子供夫婦とのことがあったからです。家を出ようと思ったとき、お金のないみじめさを思い知りました。ああ、お金は持っとかなきゃいかん、絶対お金は必要やと。初めて、お金に執着がわいたんです。

もちろん、稼いで楽したいという気もあったと思います。それから、何度も捕まるようになってからは、私も相手も交互にぱくられますわね。刑務所の中での生活は、私物をほしいと思ったらお金がかかります。刑務所に面会に行くにも差し入れするにもお金いりますやん。刑務所出てから生活保護を受けていても、生活保護では足りんから、それでまた知り合いにクスリを売ってということをして、ずるずるになってしまったんですね。

ここでの生活ですか？　今は、刑務作業で、一つの班の班長をさせてもろてます。紙にひもを通す作業があるんやけど、年いった人の中には、ひもの数を勘定できん人もいます。間違ったら外から刑務所にくる仕事がもらえんようになるから必死です。納期も過ぎたらいかんから毎日が必死。でも、仕事が好きだから苦になりません。私、仕事は好きなんです。どんな仕事でも。悪い仕事も好きやったからだめやったんだけど。機械いじるのも好きやし、得意です。体を動かすこと自体が好きなんです。健康やからね。ここにきても、風邪をひいたり、寝込んだり、薬を飲んだりしたことはないです。ここはお年寄りが多いから薬を飲む人が多いけど、私は全然飲みません、薬は。

最初は相部屋だったけど、今は一人部屋。気楽でいいです。刑務所はいろんなルールがあって自由にならへんけど、決まりさえ守っていたら、慣れたらどうということないです。私、自分でいうのもなんやけど、根はまじめで反則は嫌いやから。

　ここでの一番の楽しみは食べ物です。行いが良いと、月一度、外の食事も食べられます。メニューがあって、カレーとか、焼き肉とか、中華とか、そこから選べます。月に2回、お菓子も出ます。この年になっても、食べるのが一番の楽しみですよ。


　ここにおると二度、同じ顔を見る人もいます。年いってきたら、外の生活は寂しいんやと思いますわ。誰も相手にしてもらえん。家族がおらん人は、ここが恋しうなると違うかなと思います。こっちきたら同じような仲間がおるし、楽しいし、わいわいいうて話し合いもできるし。表だったらそんな話もできないもん。表やったらほんまに独りぼっちでしょ。だから戻ってくる人が多いんじゃないかと思います。

　年のいった人は万引きが多いですわ。年いってて満期で帰る人も多い。引き受ける家族がいてないということだと思います。もう必要とされてないんやと思います。寂しいから、こっち来てたほうが気が晴れる。ふっと思い出して、パン1個わざと盗《と》って来る人もいてると思いますよ。経済的なもんもあると思います。やっぱりお金出すのいやなんでしょうね。あの味を覚えたらお金出すのはいややと思いますよ。

男と縁切らんことにはこの道から足は抜けられへん。そう思ったきっかけはね、孫が面会に来てくれ、手紙をくれて、おばあちゃん、一緒に住もうね、もうこういうところに来んようにねというてくれたことなんです。そんなふうに接してくれたんで。この年になっても必要とされてるんやなと思ったら今度こそまじめにならないかん、それこそ孫にも、ひ孫にも見放されてしまったら寂しい老後になる、そんなのいややし、それではいかんと心底、思いました。

ちょっと目が覚めるのが遅かったと思うけど、やっぱり最後はみんなに惜しまれて死にたい。男とはもう手紙のやり取りもしないし、つながりは切ります。わたしも年だし、最後に自分の家族にみてもらって、楽しい老後にしたいと思ってます。ただし、子供夫婦には迷惑をかけたくないから、ここを出たら生活保護を受けて、体が元気な間は働き続けます。

（２０１８年11月、岐阜県の笠松刑務所で）

よどみなく、流れるような関西弁。まるで浪花節《なにわぶし》を聞いているような気分になった。

インタビュー後、職員からは「仕事ぶりがしっかりしており、工場で欠かせない人物になっている」と聞いた。

## DV被害、自傷行為、自殺念慮の率の高さ

この受刑者もそうだが、女性刑務所の受刑者には、夫や恋人から「暴力を受けていた」という人が目立つ。

先に紹介した法務総合研究所の調査では、DV被害や自傷行為、自殺念慮などいずれの項目でも、女性の経験率のほうが男性に比べて顕著に高かった。特にDV被害に関しては、「これまで、交際相手や配偶者などから、身体的な暴力（DV）を受けたことがあるか」との質問に対して、肯定の回答が72・6％に上り、男性の3・5％を大きく上回る。自殺念慮については、「これまでの人生で、本気で自殺したいと考えたことがあるか」との質問に対し、女性は46・3％で、男性は21％。自傷行為は、「これまで、刃物などでわざと自分の身体を切ったこと（リストカットなど）があるか」との質問に対し、女性は41・2％で、男性の8・1％を大きく上回った。

これらの調査結果を受け、白書では、「特別調査の結果を見ると、女性は男性と比べ、薬物依存の重症度について、集中治療の対象の目安とされる『相当程度』以上の者の割合が高い」と指摘。また、自傷行為、自殺念慮といった精神医学的問題が顕著に見られ、DV被害の経験率が高いとした上で、「女性については、治療を受けるニーズが高い者が多いながらも、その介入は多角的かつ慎重に行われる必要性が高いことが示唆された」としている。

一方、女性は男性と比べて断薬努力経験や、民間支援団体の利用経験が高いことから、「薬物離脱の意欲が強い傾向が見られる」とも述べている。様々な特性や問題に配慮しながら、薬物離脱と断薬維持の動機付けを行う必要があり、その点では、札幌市にある女性刑務所「札幌刑務支所」で実施されている「女子依存症回復支援モデル事業」の試行の効果が注目されると述べている。

札幌での試行事業については、もう少し後で触れるとして、再び、2人の専門官の話に戻りたい。

覚醒剤に手を染めた受刑者の中には、夜間働いている人が「眠れないから」と使用を始めたり、周囲に「ダイエットに効く」といわれて使い始めたりするケースも目立つ。

「『覚醒剤やめますか、それとも人間やめますか』というのがありましたが、そんなふうに体も見た目もぼろぼろ、ではなく、ごく普通に見える人が周囲でやっているのを知り、それならと自分も気軽に始めてしまうことが多い」と調査専門官がいう。

既婚者や子育て中の女性の中には、妻や母親としての役割責任をこなすことに疲れ、クスリを使い始めるケースもある。また、女性の覚醒剤事犯は「男性絡みがほとんど」という特徴がある。男性から勧められて軽い気持ちで使っているうちに快感を覚え、やめられなくなったというケースが目立つ。
次の40代の受刑者も、そうした1人だ。

## 40代、入所四度目「それとは違う生き方があるとは、あまりわからなかった」

ここにきて、もうすぐ1年になります。罪名は覚醒剤取締法違反です。20代で執行猶予がついたことがありましたが、30代になって実刑判決を受け、初めて刑務所に入りました。それから出たり入ったりを繰り返し、今度で四度目です。原因はすべて覚醒剤です。

最初にクスリを使ったのは、10代半ばの頃。家出して、悪友というか売人と知り合ったのがきっかけです。そのときは、興味本位で1回だけでした。

次に手を出したのは、はたちを過ぎた頃。居酒屋で知り合った男性に勧められたのがきっかけです。当時、結婚していたんですけれど、クスリの魅力にひかれてその男性と付き合うようになり、その関係とともにクスリにどっぷりはまりました。自分で注射を打てないから打ってもらうんですけど、相手から、会おうよ、やろうよと電話がかかってくると、主人にはどんな嘘をついてでも出かけるということをしていました。

そのペースが、最初は1か月にいっぺんぐらいだったのが、物足りなくなって週いっぺんになり、3日にいっぺんになる。歯止めがきかなくなり、しまいには、毎日、体がほしがるようになりました。わずか1年ぐらいの間です。クスリがもう生活の一部になりました。主人とは当然、離婚となりました。

そんな状態になっても、いつか私はやめられると思っていたんです。「私は調整できる」と自分で勝手に思い込んでいた。結局、そうはならなかったわけですが。

目の前にクスリを出されると、頭では駄目だとわかっていても、体が反応してしまう。刑務所にいる間に、クスリの弊害について勉強して、もうやめようと思うんですよ。実際にクスリを使った後には、「ああ、やっちゃった」という、とてつもない罪悪感が押し寄せてきます。けれど、目の前にクスリを出されると、一瞬でもスカッとする快感が脳に染みついているので、それを求めてしまう。やっぱ一番は自分の意志の弱さだと思います。流されて、流されて。自分がしっかりしていれば手を出すことはないと思うんですけど。

なぜクスリを使うのかと考えてみると、私の場合は、使うとき、怒りの感情というのがある気がします。私、これまでに少なくとも3回は結婚をしているんですけど、一緒に生活していた主人とか、当時付き合っていた彼とかとケンカして、その相手への怒りの感情を抑えたくてクスリに走ってしまう。ケンカの原因は、すごくささいなことなんです。でも、私も負けず嫌いだから、言い返すうちに口論がどんどん激しくなって、どうにもおさまらない。気持ちをおさめたくてやっていたような気がします。

仕事は、これまでは主に介護の仕事をしてきました。特別養護老人ホームや老人保健施設、在宅のお年寄りが集まるデイサービスなど……。高齢者の自宅を訪ねるホームヘルパーの仕事以外は、いろいろなところで働きました。刑務所の職業訓練で介護の資格を取ったんです。介護の仕事は大好き。おむつ交換とか、入浴介助とか。大変だねといわれますが、要介護度の重い人のほうが私はやりがいを感じます。

出所したら、薬物依存の人たちが集まる自助グループに通おうと思っています。地元には帰りません。そこに帰ると、クスリをやっている友達に偶然会ってまた逆戻りしてしまうかもしれないし、私から連絡を取ってしまうかもしれないから。しばらく別の土地に行って暮らそうと思っています。子供は3人います。施設に入っている子供を引き取れるように、働いて貯金もしたいですし……。

今回、母が、目が不自由なのに手紙を頻繁にくれるんですよ。足も悪いのに、施設に入っている子供の面会にも行ってくれています。ずっと怒っていて、面会も手紙も断っていた母が、今回はすごく協力してくれている。「もうこれで最後にしてちょうだい」という気持ちがすごく伝わってきて、それがこちらの胸に刺さります。だから、今回はもうクスリはやめにしたい。こうした家族の支えが今、一番の救いになっています。欲をいえば、そうした支えがもっと早くあったら、4回も刑務所に来なかったかもしれないとも思います。

振り返ると、私が生まれ育った環境は、クスリがすぐ手に入るような環境でした。若い頃、私もやんちゃしてましたけれど。みんな似たような生き方をしていて、それとは違う生き方があるとは、あまりわからなかった。周囲もみんな、同類なんで。

今回こそ、覚醒剤をもうやめたい。40代になり、そんなことやっている場合じゃないなと思いました。もう年ですし。

今すごく思っているのは、覚醒剤は時間の無駄だということ。使うことによって逮捕され、刑務所で何年という時間を過ごさなければならない。クスリをすることで家庭崩壊を起こすし、自分の人生もだめにする。覚醒剤は、イコール無駄な時間を使ってしまうことだと、今は本当にそう思っています。

（2020年11月、栃木刑務所で）

「男性絡み」というほかに、ここでも成育環境の話が出てきた。

「クスリがすぐ手に入るような環境で生まれ育った」という言葉は、他の受刑者をインタビューした際にも聞かれた。20歳前から覚醒剤を始めた女性が多いことを思うと、「成育環境」「地域性」は、覚醒剤防止の観点から社会問題として考えていく必要があるだろう。

この受刑者の話でもう一点、目をひくのが「母親」との関係性だ。次の受刑者の話にも、母親の話が出てくる。

## 30代、入所三度目「覚醒剤を1回やってみない？　やったら帰してあげる」

刑務所に入ったのは三度目です。一度目と二度目は20代のとき。三度とも覚醒剤取締法違反です。ここの刑務所に来てからまだ1年たっていません。

覚醒剤を知ったのは20歳を過ぎた頃です。

私、まだ10代だったんですけど、付き合っていた人との間に子供ができたんです。親たちが早く孫の顔が見たいというんで、相当早かったんですけど、10代の終わりに子供を産みました。

子育て中に、ママ友の1人から久しぶりにカラオケに行こうと連絡がありました。母も、「たまには息抜きして遊んできたら」と勧めてくれて。それじゃあと出かけたら、待ち合わせの場所に男性がいた。友達から、一緒に連れてきてくれるよう頼まれたというんです。不審に思って友達に電話すると、大丈夫、安心だから来てといわれ、車で連れて行かれた先がホテルでした。

ホテルの部屋には、友達と、友達の彼がいました。迎えにきたのは、その彼の友人のようでした。見ると、机の上に注射器があります。私、すごく混乱してしまって。今だったらタクシーを呼んで1人で帰るとかできたけど、そのときはそれどころじゃなくて、とにかく怖くて。友達の彼はやくざか暴力団みたいな感じだったし、恐ろしい世界が目の前に広がっていました。ずっと帰りたいといい続けたんですが、相手は面白がって、ちっとも帰してくれない。

覚醒剤を1回やってみない？　やったら帰してあげる、といわれた。覚醒剤はおろか、シンナーも使ったことがなかったし、私は薬に弱いんだといっても、相手にしてくれない。

1回やったら帰してあげるという言葉を信じて注射されたら、自分でもびっくりするほど心臓がバクバクして、過呼吸みたいになって倒れちゃって。みんなも驚いて、急いでそこのホテルを出ました。そこから、繁華街にあるウィークリーマンションみたいなところの一室に運ばれて。そこで落ち着くまで寝させてくれるかと思ったらそうではなくて、「やっぱ、初めてだからこうなったんだよ」「もっとすれば」みたいな感じで、たぶん、また打たれて……。そのあたりの記憶は定かではないんです。

探されたらまずいというんで、親に電話させてくれたことは覚えています。ともかく帰りたいと、1人、逃げるように帰ったんですが、その日のことはトラウマで、記憶が抜け落ちているところがあります。

「覚醒剤やめますか、それとも人間やめますか」

そんなコピーがありました。クスリと無縁の生活をしてきたから、覚醒剤を打たれて、自分はもう人間じゃなくなっちゃったのかなって。そう思いながら、ぼろぼろの状態で逃げ帰りました。

家に帰ると、私の様子を見て、親は、これはおかしい、どうしてこんな状態になっちゃったのと心配しました。今から思えば完全な犯罪なんですが、そのときはなぜか、親に話すことができなかった。せっかく友達と会うからと送り出してくれた親に心配をかけたくなかったし、こっちもわきが甘かったと思うので。あのとき、親に話せていたらまた違ったんですけど。あれで世界が全く変わってしまいました。

実は高校生の頃、私、1回、少年鑑別所（非行などを起こした少年を収容する法務省所管の施設で、家庭裁判所が少年審判でその後の処分を決めるための材料を集めたり、調べたりする）に入ったことがあるんです。女子高生目当ての犯罪の手伝いです。みんながしていたから、私も軽い気持ちでつい。

クスリを誘った友達は、その鑑別所で知り合った子です。いい子だと思っていたし、まさか覚醒剤をしているとは思いませんでした。

ホテルでの一件の後、表面上は普通の生活に戻りました。何とか早く普通の、元の生活に戻りたいと思っていました。その友達からはその後連絡が来て、「大丈夫？」「ごめんね」といわれました。

ある日、母と大げんかして、ヤケになってその友達に連絡をしてしまいました。うちは、はたから見れば良い家庭と思われていましたが、母との関係はいつもピリピリしていた。「わかってもらえない」という抑圧された感情が、常に自分の中にはあったのだと思う。友達に会って、注射されたら、体が楽になったんです。そこからですね。怖い思いをしているのに、注射を何度も打たれる中で、快感、その感覚が体の中に根付いてしまった。そこからストーンと落ちるのは、本当に早かったですね。

その友達のことはすごく恨みました。覚醒剤を知らなければ良かったと、もちろん思いました。生まれ戻って、何も知らなかった頃に帰りたいと、すごく思いました。覚醒剤で捕まって、主人とは別れなければならなくなった。主人と別れたことは、私の中ではすごく大きな出来事でしたし……。だから友達のことは恨んで、恨んで。自分の過去を後悔して、後ろを振り返っては悔やみ続けて……。

でも、主人と別れて、別の男性と出会い、次の子供が生まれたとき、なぜか過去のすべてを受け入れられる気持ちになったんです。もし、これまでの出来事が何かひとつでも違っていれば、この子は生まれてこなかった。そう考えると、過去のすべてを受け入れられるというか、この子が生まれてきてくれて良かったなと、心底思えたんです。

母との関係もまともになった気がします。いろんな経験をして、そうしたつらい経験をしなければ気づけなかったことが、自分にはたくさんあるのだと思うようになりました。自分では意識せず、消化できない感情があるのもわかりました。

今回、いろいろあって、三度目の入所となってしまったんですけれども、ここに入って薬物や自分のことを考え続けるうちに、自分がいかに狭い考え方をして生きてきたかに気づきました。自分で自分を勝手に苦しめて、その抑圧が怒りとなって爆発し、周囲も苦しめていた。他人ではなくて、いけないのは自分。それに気づきました、はい。

出所したら、両親と過ごす時間を大切にしたい。両親はだんだん年をとってきているので。子供とも向き合いたい。友達にも正直に自分の状況を伝えて、みんなに支えられながらやっていくつもりです。自分が変われば、覚醒剤をやめることが必然的についてくる。今は、そんな気持ちになっています。


（2020年11月、札幌刑務支所で）


「自分はもう人間じゃなくなっちゃったのかな」という言葉が胸を突く。

騙《だま》されて始まった覚醒剤使用。インタビューの際、「今なら犯罪だと警察に訴えることもできますが、10代の頃はそうしたことに思いが及びませんでした」とメガネが似合うこの受刑者は話した。

ほかの受刑者の話とも共通するのが人間関係のストレス、とりわけ母親との確執や関係性の難しさだ。また、一度覚醒剤を使って「たいしたことはない」と思い、二度目以降にどんどんはまってしまうという点も共通している。

## 「どこにいようと、クスリが手に入る」時代

覚醒剤の入手方法については、10年、20年前とは相当状況が変わってきている。調査専門官によると、以前は、そこにいけば「確実に覚醒剤仲間がいる」という、覚醒剤がよく使われている地域があった。そうした地域で育つと、周囲に使用している人間が多く、クスリの入手も容易なため、若いうちからクスリに手を染める傾向が強かった。ところが、「今は『どこにいようとインターネット上でクスリが簡単に手に入る』と話す受刑者が多い」という。

また、女性の場合、自分ではクスリを買ったことがないという者も珍しくない。性行為の代償でクスリをもらうパターンも多いからだ。

「すごく簡単に覚醒剤が手に入る時代だからこそ、中学生など若いうちから覚醒剤について正しい知識を教えて、とにかく『1回目』を体験させないことが大切です。2回目以降にダーッと崩れてしまうケースが多い」と調査専門官が話す。

薬物をやめるには、専門家の手助けが必要となる。依存から回復した体験者の話も参考になる。

教育専門官は「自分の過去について考えるのをやめてしまう受刑者が多いが、それは危険。これまでの自分の行動を振り返り、それまでだったら避けてきた人との関わりを新たに始めてみることが、新しい生き方を見つけることにつながる。そうした関わりに寄り添ってくれ

る支援者と知り合うことが大切です」と強調する。

それまでと違う生き方を始めることに抵抗感をもつ受刑者が多いが、支援者や回復者とのつながりをもつことによって「安全な場所でどう生きていくか」を考え始めることが可能になるそうだ。

## 問題は、薬物だけではない受刑者が多い

以上、専門家の話を通して様々な課題が見えてきた。

摂食障害もそうだが、受刑者の薬物問題は、非常な困難を伴う。刑務所は、刑罰を科す一方で、依存症の患者でもある受刑者を治療、更生させ、社会に復帰させなければならないからだ。

刑罰と治療の関係について、刑務所の職員からは、「覚醒剤使用者はクスリが抜ければ普通の人という場合が多い。ただ、精神的に弱く、悪い仲間に引きずられて依存をなかなか断てない。彼女らに必要なのは刑罰よりも専門的な治療や教育だ」という意見がある。

一方で、「『クスリをやって傷つくのは自分で、ほかの誰にも迷惑をかけていない。何が悪い』と居直る受刑者も多い。犯罪の自覚を促すためにもやはり刑罰は必要だ」という意見も聞かれる。

前出の教育専門官は、「刑の一部執行猶予（懲役刑や禁錮《きんこ》刑を一定期間受刑させたのち、残りの刑期の執行を猶予する制度。２０１６年６月から施行）という制度ができ、保護観察所で教育プログラムを実施し、クスリを二度と使わないように教育しているが、より長期間、教育が必要な場合がある」と述べる。

ただし、そうした教育が全員に必要なわけではなく、「中には刑罰が必要な受刑者もいる。刑罰と、治療・教育はバランスの問題だと思う」と付け加える。

さらに複雑なのは、「薬物だけではない問題を抱えている受刑者が多い」ことだ。薬物さえやめられれば安定した社会生活が送れるかというとそうではない。そもそも決まった時間に起きて食事を取り、職場に行くといったことが難しく、日常生活そのものの立て直しが必要な受刑者も多いという。

それを、どこまで刑務所が担うのか。悩み、疑問を持ちつつ、日々、受刑者と向き合う職員の姿がある。

## 札幌で始まった「依存からの回復」と「出所後支援」

犯罪白書でも触れていた札幌での薬物依存受刑者に関する試行（モデル）事業とはどのようなものか。以下、２０２０年度から本格実施されたモデル事業の様子を紹介したい。

ＪＲ札幌駅から車で約15分。男性が入る札幌刑務所と同じ敷地内に、女性受刑者が入る札幌刑務支所がある。２０１９年度からの５年間にわたる法務省の新規モデル事業として、２０２０年４月から所内に「女子依存症回復支援センター」が開設された。再犯防止に向け、「依存からの回復」と「出所後支援」の双方に重点を置いた新たな取り組みだ。

刑務所のパンフレットには次のような説明がある。

違法薬物の自己使用の問題を抱え、出所後は薬物に頼ることなく生活をしたいという同じ目的を持った受刑者が、出所後の生活に近い自主性を重んじた共同生活を行うことで、自ら考え、決断する力を育《はぐく》み、円滑な社会復帰を目指すための環境を整備しています。日中は、半日を刑務作業、半日を女性特有の問題に着目した多様なプログラムを実施し、これまでの薬物使用に至った自己の背景等について振り返り、出所後、薬物に頼ることなく生活していくための知識や技術を学んでいます。また、出所時に、施設内で使用したテキストを持ち帰り、社会内でも同様のプログラムを継続することもできます。当センターでは、刑務官、教育専門官、事業者、外部講師等、様々な職種のスタッフが連携し、受刑段階から出所後の支援に直結したサポートを行っています。

モデル事業の中身を知りたいと、札幌刑務支所を2020年11月に訪れた。

「出所後に近い環境で自主性や協調性を育む」（支所次長）との狙いから、事業に参加する受刑者は、ほかの受刑者とは寝起きする場所も、刑務作業の内容も大きく異なる。

プログラムは受講後の効果を見るために、最低でも半年以上、刑期が残っている受刑者を対象に行われる。自ら希望した者や、服役の期間や生活態度などからこの事業に向いていると判断された受刑者の中から選ばれる。参加者は、仮釈放や満期釈放などで出所する2週間前まで共同生活し、センター用に開発されたプログラムを受ける。プログラム自体は半年がワンクールになっている。

取材時の総受刑者数は約260人。覚醒剤取締法違反の罪名をもつ者が約半数を占める。モデル事業によるプログラムに5人の受刑者が参加していた。

参加受刑者が寝起きする場所は刑務所内の3階にある。「みのり寮」と名付けられ、入り口は木製の引き戸の造りになっていて、入り口からして一般の刑務所とは雰囲気が全く違う。中に入ると、廊下を挟み、約30の個室が並ぶ。一般の刑務所は共同室が多いのに対し、ここは全室個室だ。

個室の中に入ると、広さは、通常の単独室の１・５倍ほど。床は、畳ではなくフローリング。寝る場所も、布団ではなくベッド。勉強机やスタンドライト、洋服ダンスなどが置かれ、天井のライトも蛍光灯ではなく、一般家庭でよく見かける電灯であることが目をひく。

ドアに鍵《かぎ》がかけられていないのも特徴だ。受刑者は共用のトイレや洗面所に好きなときに行ける。朝食や夕食も、自分で所定の場所まで取りに行く。一般の刑務所では、ドア付近に食器口があるのが普通だが、それがない。普通のアパートや寮で暮らしているような雰囲気が漂う。

共同浴室を見て驚いた。木目調の壁に柔らかな明かりがともり、カランが四つ並んで大きめの浴槽がある。まるで、スパか、温泉にでも来たかのようだ。一般社会の生活に近づけるのが目標なので、入浴時間も午前中や午後の早い時間帯ではなく、夕方に設定されている。ただし、そこはやはり刑務所。窓を見ると、鉄格子が備え付けられているほか、廊下側の壁には窓があり、必要に応じて外から刑務官がカーテンを開けて中が見られるようになっている。入浴時間は「みのり寮」以外で暮らす受刑者と同じだ。

受刑者のプライバシーを尊重するために、ほかの受刑者の部屋に行ったり、声をかけたりするのは禁止されている。廊下の中央にホールがあり、そこで受刑者は自由におしゃべりをしたり、DVDを見たり、本を読んだりすることができる。

「最初ここに来たときは、処遇の良さに多くの受刑者が驚き、とても喜びます。室内はきれいだし、自由度も高いので。ただ、毎日あるプログラムで、自分の過去と向き合い、薬物依存にまつわる様々な課題を自分で考えなければならないと知ると、『これは単純に喜んではいられない。一般の刑務所にいるよりも大変だ』と受刑者は感じ始めるようです」と担当の刑務官が話す。

## 受刑者を「さん」付けで呼ぶ

そのプログラムとはどのようなものか。

「薬物依存離脱指導」は各地の刑務所で実施されているものの、男性受刑者が圧倒的に多いため、どうしても男性向けの内容になりがちだ。そこで新しい事業を始めるにあたり、法務省は民間団体に委託して女性向けのプログラムを開発した。依存のメカニズムのほか、男女の体の構造の違いや、一般社会における性別役割分担意識、女性がいかにクスリに頼らずに生きていけるかなどを学ぶ。

プログラムを実施するために、刑務作業の時間は最低限（午前中だけ）にとどめ、平日午後のすべての時間をプログラムにあてている。プログラムは1コマが90分間で、1日2コマが基本となっている。

中心となるのは「コアプログラム」と呼ばれるものだ。教官とともにテキストを使いながら受刑者がテーマにそって様々なことを話し合い、薬物依存や離脱に関する知識や理解を得る。テーマは「自分がここにいる理由」「依存症とは何か」「変化していく女性のからだ」「相談と愚痴」「母と娘の関係構築」「依存先を増やす」など。女性はストレスや不満を限界まで溜《た》め、どうしようもなくなったときにクスリに手を出すケースが散見されることから、ストレスが小さいうちからＳＯＳを出せるよう、「小さな依存先をたくさん増やす」ことでクスリにはまらないように学習していく。

ほかに、出所後の生活をスムーズにすることを目的とした「生活術」というプログラムもある。出所後の生活にお金がどれだけかかるか、今、何が社会で問題になっているかなどを勉強する。取材した日は「出所後、コロナにどう対応するか」「病気になったとき、医師に覚醒剤の使用歴をどう告げるか」などをテーマに話し合いがもたれていた。

「ＮＡ／ＡＡメッセージミーティング」というプログラムもある。ＮＡとは、Narcotics Anonymous（ナルコティックス・アノニマス）の略で、直訳すると「匿名の薬物依存症者たち」。ＡＡとは Alcoholics Anonymous（アルコホーリクス・アノニマス）の略で、直訳すると「匿名のアルコール依存症者たち」となる。薬物やアルコール依存の自助グループのメンバーに刑務所の中に来てもらい、活動内容を知る。依存症がある人は出所後、自助グループに参加し続けることが非常に重要だといわれている。しかし、出所後、1人でそうした団体を訪ねるのは難しい。そこで、刑務所にいるときから近隣の自助グループのメンバーと顔見知りになり、グループの雰囲気にも慣れてもらうために考えられた。

薬物依存者は自分の気持ちを表現したり、自分と異なる価値観を持つ相手とコミュニケーションを取ったりするのが苦手な傾向があるといわれる。相手に話す言葉に説得力がなく、表現の仕方が巧みでないために、話をすると相手を怒らせ、状況を悪化させてしまうことも多い。そうした点を踏まえ、言語力や表現力を養うために設けられているのが「プリズン・ブッククラブ（読書クラブ）」だ。本を読み、互いの感想を話し、自分とは異なるものの見方や表現力を身につけていく。

座学だけではない。

薬物依存者は頭痛薬などの市販薬を大量に服用しているケースが多く、ストレスや痛みに弱いとされる。それらを感じたときにすぐに覚醒剤や市販薬などに頼りがちだ。クスリに頼らず自分の体のメンテナンスができることが再犯防止に役立つとの考えから、「ソマティクス」と呼ばれるヨガに似たボディーワークのプログラムもある。外部から講師を招き、床にマットを敷いて、筋肉を伸び縮みさせ、血流をアップして体全体の動きを良くする。プログラムでは、姿勢と自分の気持ちや感情との間には深い関係性があることや、リラックスすること、呼吸の大切さなどを学ぶ。

また、「手仕事&アート」のように、刺し子やコラージュを作るなどして、言葉を使わない気持ちの表現法を学ぶプログラムもある。

座学のプログラムを行う部屋の壁は、イエローが基調のものと、グリーンが基調のものがある。机も木のテーブルで、全体に明るく柔らかい雰囲気を醸し出している。

プログラム中、教官が受刑者に対し、対等な立場で話しかけているのが目をひいた。

通常、刑務官は指導をする立場にあるため、受刑者に対し、「～しなさい」と命令的な口調で呼びかけることが多い。しかし、ここでは受刑者の名前を「さん」付けで呼び、「これについてどう考えますか」などと丁寧に尋ねていたのが大きな違いだ。

刑務作業はどうか。紙細工など一般の女性刑務所で実施されているのと同じ作業もあるものの、「女子依存症回復支援センター」ならではの作業として、イチゴの栽培が挙げられる。

農作業は心の安定に効果があるといわれるため、取り入れた。

刑務所の敷地の中にビニールハウスが2棟建てられている。中に入ると、ちょうど女性が立った胸のあたりにイチゴの苗が植えられた植木鉢が並んでおり、腰をかがめることなく作業ができる。作っているイチゴの品種は「けんたろう」と「すずあかね」。いずれも北海道産の品種だ。イチゴ栽培に詳しい北海道庁の職員の協力を受け、栽培技術を学んでいる。2020年5月から6月にかけて収穫した「けんたろう」は収穫量も味もよい出来で、「収穫量が安定してくれれば販売も検討したい」と担当の職員は意気込む。

## 単純作業でない「頭を使う」プログラム

受刑者はなぜモデル事業への参加を希望し、実際に参加してどう思っているのか。参加者に話を聞いた。

40代の受刑者の場合、2020年4月に回復支援センターがオープンすると聞き、自らプログラムへの参加を希望した。

刑務所に入るのは、これで三度目。結婚したものの、20代前半に離婚。親の事業を手伝いながら風俗店を経営していたが、30代で事業が厳しくなったとき、友達に勧められて覚醒剤を使い始めた。

三度目の服役をするにあたり、絶縁されていた親やきょうだいに「これが最後だから」といって許してもらった。だからクスリを絶対やめなければならなかったが、正直、やめる自信がなかった。そんなとき、センターの話を聞き、「希望がわいた。もしかしたら、私にもまだチャンスはあるかと。それでぜひお願いしますといって参加しました」と話す。

ここでの生活はこれまでの受刑生活とどう違うのか。

「最初はイチゴ栽培の作業は肩が痛くなるし、しんどかったけど、今は順調です。ここでいろんなプログラムを受けて、何となくクスリをやめる方法がわかってきた。自分の性格もわかってきた。だんだん、普通の人に近づいて、自分がいい人になってきたみたいでうれしい」と顔をほころばせる。

以前、二度入った刑務所で、薬物の自助グループによる講演があった。メンバーが自らの体験談を話し、活動について説明した。しかし、自助グループについては、「一度そこに入ったら外に出られず、刑務所と同じで自由がないイメージしかない。行く気はなかった」という。また、これまで他の刑務所で「薬物依存離脱指導」を受けることはあっても、「ここのように本格的なものではなかった」と述べる。

「今までの刑務所ではただ黙って、おとなしく作業をしていればそれで終わった。モノを考えるということが本当になかった。その分、ここでは戸惑うことが多いけど、人間扱いされ、人として見られている気がします。以前は、受刑者や職員に感情をもって接していなかった。ここではそれがあるから大変だけど、自分が変わってきたなと思う。前向きになれる。普通の人は社会でこういうふうに暮らしているんだなというのがわかりました」

「私、悪いことしかしてきていないから、普通の人たちとどうやってコミュニケーションを取ってよいかが全然わからなかった。だから今、すごく新鮮。深く、逃げずに話す。そういう経験がちょっとずつでも、できるようになってきた。プログラムを受け始めて、気分の浮き沈みがなくなりました。ここにいると、『みんなそうだったんだな』とわかって、気持ちが楽になりました」と、次々と言葉があふれ出した。

プログラムが「頭を使う」ということは、参加者全員から聞かれた言葉だ。

入所三度目、30代の受刑者は、「前の刑務所は、紙を折るとか、ミシンをかけるとか、単純な作業をして、作業が終われば部屋に戻るという生活だった。それに比べて、ここは犯罪をしないためにはどうすればよいかを考えるなど、頭を使うことが多い」と話す。もっとも、「本音をいえば、考えること自体が苦手。単純に作業をしていた方が楽は楽だと思います」

とも明かす。

刑務所に入るのはこれで二度目という50代の受刑者は「元暴走族です」という。暴走族仲間の恋人から勧められ、10代半ばで覚醒剤を覚えた。悩み事や考え事があった際、それらから逃げるために覚醒剤や酒に走り、アルコール依存症にもなった。

プログラムに参加して、「自分自身と向き合うことができた。なぜ覚醒剤を使ってしまうのかがわかってきた気がするし、どうやったら自分は出所後、回復していけるかということがわかってきた」。自助グループに通い、薬物専門の精神医療センターで治療するつもりという。

イチゴ栽培のプログラムも、受刑者たちには新鮮な気持ちを与えているようだ。

入所三度目、子供が4人いる50代の受刑者は、「土に触ったり、モノを栽培したりする作業は初めてで、こんな刑務作業があるのかとびっくりした。仲間から、『イチゴの実が生《な》るとハウス中が甘い匂いで満たされるんだよ』と聞いて、その通りになったとき、喜びを感じた。自分で土から育てるのはすごく気持ちがいい。自分が育てたものを人が食べてくれる楽しさを感じています」。また、プログラムについては、「普通の刑務作業を受けているほかの受刑者も、みんな受けた方がいいと思う。みんなももっと変わると思う」と語った。

## 刑務官の戸惑い「ここまで手をかける必要があるのか」

既存の刑務所とのプログラムの違いに戸惑ったのは受刑者ばかりではない。実施する刑務官の側にも戸惑いは大きかったようだ。

センター発足時からこの事業に関わっている中堅刑務官に話を聞いた。

――最初にこの構想を聞いたときはどう思いましたか。

「全然想像がつかなくて、本当にやれるとは思わず、無理だと思っていました。でも、理想を現実にするという意味で、いずれは全国の刑務所がこうなればいいという思いで、今はとにかく試行錯誤しながらやっています」

――ほかの刑務所と違う部分はどこといえますか。

「刑務所としての保安や警備面の基本はほかと変わりません。違うのは教育の部分。その要素が強くなっていると思います。長年、刑務官の仕事をしている職員は、『教育』と『保安・警備』の面がなかなか結びつかないので、それをリンクさせるのが難しい。教育は教育専門官など専門の職員がやって、刑務官は主に施設を守る側に回るのが一般的だからです。それを一緒にやりなさいといわれてもなかなか難しいけれど、支援センターの場合は、そこはがっつり両方やらなければなりません」

――刑務作業でも随分違いがありますね。

「刑務作業は午前中のみで、午後からはずっとプログラムというのは全国の刑務所でも初めての試みです。普通は一日中作業して、その合間に教育をするだけです。作業の一環として実施しているイチゴ栽培は、女性には良かったのではないかと思います。受刑者の反応をみてもそう思います。子供を持つ受刑者が多いので、何かを育てて大きくするという一連の流れが子育てと似ていると感じるようです。花や緑があると心が落ち着くのか、作業中は穏やかなことが多い。農作業はほかの刑務所でももっと取り入れられて良いと思います。ただ、人手や予算を考えると、すぐに実現するのは難しいとも感じます」

――体のこと、自分のこと、社会のことを話し合うプログラムなど、ほかの刑務所と随分違うものもありますね。

「はい。そうしたプログラムで、これだけ半強制的に自分と向き合わなければならないとなると、受刑者はきついだろうと思います。自分の嫌なところ、悪かったところと向き合い、過去を振り返る時間がたっぷりあるからです」

――また、寝泊まりする寮も、一般の刑務所とは随分違います。

「みのり寮は、非常に恵まれていると思います。一般の刑務所はあれほどきれいではないし、自由な空間もない。ただし、みのり寮では、受刑者は自由に動ける分、自分たち自身で考え、もめ事も解決していかなければなりません。受刑者同士の人間関係も、基本的には自分たちで作って、乗り越えていかなければならない。誰かが悪口をいったとか、あの人はこういうことをしたなどという不満や要望も、なるべく自分たちで話し合いをして解決していってもらうようにしています。社会に出ても同じ課題が起きますから」

――プログラムや寮の環境含め、新しいものを取り入れるにあたって、職員の側の反応はどうだったのでしょうか。

「職員の中にも、犯罪者にそれほど手をかける必要があるのかという疑問は正直、あります。しかし、それをいったら、刑務所全体もそういうことではないかと感じます。それよりも、刑務所に二度と来ないようにするにはどうしたらよいかをもっと考えたい。人間が相手なので、刑務所でも人間性や教育がこれまでよりさらに求められると感じます」

――このプログラムを他の刑務所でも取り入れたほうがよいと思われますか。

「それは一概にはいえない難しさがあります。ただ、何十年、何百年と、同じやり方をしてきて再犯率が下がらないのであれば、新しい試みをすることが重要ではないかと自分は考えます」

――刑務官から見た受刑者について教えて下さい。

「受刑者は、いわゆる普通の人が多いと感じます。普通というより、むしろより繊細で、より純粋です。だから傷つくのではないか。覚醒剤をする受刑者には、特にそうした傾向が見られます。純粋すぎるから親の許せない部分が見えてしまったり、自分のどうにもならない部分が見えてしまったりする。そのどうしようもなさをどうにかしようとした結果がクスリの使用につながってしまう。上手に割り切ることができず、極端にある方向へ曲がってしまった印象があります。

また、最近は主婦がクスリに手を染めるなど、ごく普通の人が刑務所に来ている感じがします。覚醒剤の入手経路も、昔はやくざや暴力団など、限られていたのが、今はインターネットで手軽に手に入ります」

――女性ならではの課題を感じることはありますか。

「母親の部分と女である部分とのせめぎあいや、子育てをどうするかといった問題は女性特有の問題だと感じます」

――覚醒剤取締法違反の受刑者は累犯が多いのが特徴ですが、これについてはどう思われますか。

「刑務所に繰り返し来る人は、『居場所がなかった』とよくいいます。帰るところがなく、就職したくても働き口がない。それらがストレスになって、また刑務所に戻ってくる。今、日本は労働力が減っているのだから、受刑者を労働力のひとつだと思って地域の人が受け入れてくれたら、受刑者も自分たちは受け入れられていると感じられるのではないかと思います」

## 「刑罰と治療・教育は車の両輪」

このモデル事業は5年計画で、参加受刑者とそうでない受刑者との出所後の再犯率などを比較して全国にも広げるかどうかが決定される。

法制審議会（法務相の諮問機関）は2020年に、受刑者の特性に応じて、刑務作業だけではなく、指導や教育も柔軟に組み合わせる案の導入を答申した。

これを受けて法務省は、懲役と禁錮の両刑を一元化して「拘禁刑」を創設し、刑法などを改正する関連法案を2022年の通常国会に提出。同年6月に改正刑法が成立した。施行は成立3年以内とされている。懲役の受刑者に一律に刑務作業を義務づける現行法を見直して、受刑者の特性に合わせ、作業や教育を柔軟に組み合わせ、再犯防止や更生を促す狙いがある。

札幌刑務支所でのモデル事業は、その先駆けの取り組みともいえる。ただ、新しい試みだけに、現場には様々な戸惑いや苦労があるようだ。

担当の刑務官がいう。

「一般に、薬物依存からの回復では『正直でいられる環境を支援者が作ってあげることが一番大事だ』とよくいわれます。依存者が、自分の気持ちや自分が置かれた環境について正直に話せることが改善の一歩という意味です。しかし、刑務所でその環境を作ることはハードルがものすごく高い」

受刑者にしてみれば、犯した罪はできるだけ隠しておきたい。犯罪の経緯を正直に話すことが、仮釈放などの決定に影響を与えるのではないかと恐れるためだ。刑期を早く終わらせるには、おとなしく刑務官のいうことを聞いておくことが最優先事項となりがちだ。指示に従い、黙っていることが最善だと考えがちな受刑者に、「自分の思いを話させることは容易ではない」というわけだ。

また、出所後に近い生活をさせようとすればするほど、「受刑者にそんなにいい生活をさせる必要があるのか」という反発や疑問、反論も出てくる。

担当の刑務官は、「当然だと思います。でも、再犯率をいかに下げるかが一番大事。その観点からこうした新しい試みをしていることに世間の理解を求めていくしかありません。覚醒剤というと、『人間失格』のイメージが根強くありますが、そうではなく、クスリをやめ続けながらゆくゆくは納税者として生きていく道があるんだということを、刑務所側から発信できればと考えています」と述べる。

さらに、「もちろん、刑罰はおろそかにはできないし、刑罰が犯罪抑止に一定の効果があるのも事実です。しかし、刑罰だけで薬物の問題を解決できないのも事実です。治療や教育をしていかなければ再犯につながる可能性が高い。刑罰と治療・教育は車の両輪だと思っています」と強調する。

前述したように2016年から刑の一部執行猶予制度が始まり、保護観察所の監督下で、社会の中で治療・更生する仕組みがスタートした。海外では、薬物専用の裁判所があり、刑務所でなく、治療機関につないでそこで治療を受けるという仕組みもある。

このモデル事業を本格的に広めるためには、マンパワーや、教育効果を上げるための職員のスキルアップなどが必要だ。出所後、刑務所近くに連携・協力できる自助グループがあることも事業継続の重要なポイントになる。

## 再犯防止を目指す海外の取り組み

日本で始まった薬物事犯に対する刑務所での新しい取り組み。海外では、この問題にどう対処しているのだろうか。2020年3月に出された法務総合研究所の研究部報告「薬物事犯者に関する研究」では、諸外国における薬物事犯の扱いを紹介している。

それによると、各国で処遇や価値観、司法制度は異なるものの、日本では個人消費目的で一定の薬物を所持・使用した場合でも犯罪とし、刑事司法制度の枠内で対処しているのに対し、国際連合薬物・犯罪事務所（ＵＮＯＤＣ＝United Nations Office on Drugs and Crime）や世界保健機関（ＷＨＯ＝World Health Organization）では、基本的に有罪判決や刑罰ではなく、治療などの代替手段にすることを提唱している。これは「医療モデル」と呼ばれ、諸外国の多くも依拠している。

ＵＮＯＤＣやＷＨＯは、刑罰の代替手段として薬物依存治療を提供することは、「効果的な公衆衛生上の戦略」としている。また、刑務所への収容は、個人や家族、地域社会全体にとって大きな負担となり、政府の予算にも影響する。

刑務所に入ると、受刑者は収入を失い、出所後も犯罪歴のために就職できず、生活に困り、疎外され、再犯する負のサイクルに陥りがちとなる。その点、医療モデルは、刑事司法戦略としても効果的というわけだ。

代替手段の例としては、被告人が治療に応じることを条件に、検察官などが訴訟を中断するケースが挙げられる。被告人が条件を守れば起訴は棄却されるほか、条件付き保釈や判決宣告の猶予もある。

これらを実現する手段として、各国の研究対象となっているのが「特別裁判所（ドラッグコート）」だ。１９８９年に米国フロリダ州で最初に設立された。

薬物依存のある者を治療し、生活改善に必要なサービスを提供するための特別な裁判所で、裁判手続きの過程で薬物依存症の治療を取り入れているのが特徴だ。成人の場合、罪状認否前や、有罪の答弁後、刑宣告後などの刑事手続きのいずれかの段階で対象者にプログラムを受講させる。プログラム終了後、起訴の取り下げや、軽い刑の言い渡しなどが実施される。

また、米国では、1950年代に薬物依存症からの回復のための居住型自助グループが設立された。これが、米国における最初の治療共同体（TC＝Therapeutic Community）といわれ、各地でこうした活動が広まった。

1960年代に設立されたNPOによる回復支援施設は、早期から刑務所収容の代替としての治療を提供し、そのプログラムは米国内外の刑務所の中でも取り入れられているという。

有罪判決や刑罰より、治療を提供する医療モデルのほうが「公衆衛生上も、経済上も、刑事司法戦略上も効果的」とする考え方は注目に値する。犯罪や刑罰の軽重には国民感情が大きく影響するため、他国の制度をすぐに取り入れられるものではないが、ひとつの考え方・やり方として参考になるといえよう。

# 第4章　刑務所を支える人々

## 刑務官の声

これまで主に受刑者の「声」を紹介してきた。受刑者の生活を支えているのが、刑務官ら女性刑務所で働く職員たちだ。どんな仕事をし、受刑者についてどう思っているのか。本章では、「刑務所を支える人々」を取り上げる。

勤め始めて2年目、20代の女性刑務官の話から紹介したい。

――刑務官になったきっかけは何ですか。

「公務員の専門学校に通い、学校の先生に勧められてここにきました。最初は全然、こんな職があるとは知らなくて、公務員であれば何でもいいかなという感じでした。中学生のときに進路に迷っていて、何もやりたいことがなくて。親から、それなら公務員を目指し、後でやりたいことができたらまた勉強すれば良いといわれ、公務員を目指して今に至るという感じです。同じ公務員でも警察よりは刑務所の存在のほうが気になって、興味が出てきたので試験を受けました。

女性刑務官は女性刑務所でしか働けないと最初は思っていたくらい、本当に何も知りませんでした」

――今現在は何を担当しているのですか。

「勤務2年目の今は、夜勤も日勤もしています。受刑者の工場での仕事を監督したり、運動や入浴時の監視をしたり、受刑者に手紙を配ったり、投薬の確認をしたり……。夜勤は、慣れてきたら、徐々に処遇が難しい受刑者が寝泊まりしている寮を担当します。単独室も、共同室も見ます」

――仕事をする上で難しさを感じることは。

「刑務所では時間通りに物事を進めていかなければなりません。工場を監督する刑務官の補助についたときは、全然思った通りに進まないし、あれもやらなきゃ、あの受刑者も見なければと、すごく焦りました。しんどいし、悩みがつきないところです。指示しても、受刑者が動かない場合は上の方が収めてくれます。

　仕事は、やっぱり大変ですね、いろんな人が入っているので。その人特有の対応の仕方が出てくるので、ひとつひとつ覚えないといけない。なかなか頭を使います。この人は、接触禁止の受刑者と近づけちゃだめだとか、仲が悪くなったこの受刑者とは離しておかなきゃいけないとか。説明の仕方や言葉の選び方も、どこで受刑者のスイッチが入るかがわからないので難しい」

――反対に、仕事をしていて楽しいと感じるところは。

「楽しいことは……（ウーン）……楽しい……（無言）……楽しい……楽しい……。楽しいというよりも、達成感のほうが強いかもしれません。してはいけないことを注意して、それが直ったときなど」

――受刑者にじかに接していて思うことはありますか。

「受刑者は、対面していると普通に怖いと思うときもあるし、あまりにも年を取った受刑者の対応をしていると、介護している気分になることもあります。覚醒剤《かくせいざい》依存の受刑者の場合は、会話がちぐはぐで成立しないから、どうしたらわかってもらえるだろうかと考え込んでしまうことが多いです。説明しても通じないときは、どこまでもかみくだいて説明して、最終的には、わかっていると信じたいです。仕事には忍耐力が要ります。どの受刑者に対しても、極力、わかるまで説明するようにしているんですけれど、何度も同じことをする人が多くて、正直、疲れます。それにしても最初、勤め始めたときは、高齢者が多くてびっくりしました」

――高齢者も多いし、累犯者も多いですね。

「累犯者の気持ちは、わからない。何回も入ってきた人がどうなっているかを自分たちも見ているはずなのに、なんで何回も繰り返すのかなと思います」

――累犯を減らすためには何が必要でしょうか。

「刑務所に来ないようにするためには、就職することが一番必要ではないかと自分は思います。無職が多いので、働き口を見つけて生活できるようになれば、少なくとも窃盗は減るのでは。だから刑務所の中での就労支援には賛成です」

——高齢になり、認知症になる人も出ていますね。

「認知症や、覚醒剤でつかまった受刑者で、作業が厳しい人や、状況がわかっていないと思われる人はいます。アルツハイマー型認知症と思われる人を見ていると、自分の置かれた状況がわかっていないんだろうと感じます。ただ、犯罪をしてしまったら、ここに来るしかないのかなと思います。どんな理由があれ、しょうがないと思います」

——ご自分の将来についてはどう考えていますか。

「自分の将来のことはまだ全然。今がいっぱいいっぱいなので考えられません。工場の担当になれるぐらいの力量を早く身につけたい。とっさの判断に迷わず、受刑者同士のけんかが始まっても、すぐに状況を読んで行動できる人間になりたいです」

——仕事のストレスはどう発散しているのですか。

「仕事でストレスを感じたときは、同期にひたすら話します。話が通じるのが何よりうれしい。みんなから、経験談や情報を教えてもらったり、こうしたほうがいいよというアドバイスももらったりします」

——刑務官の働き方について感じることは。

「仕事は夜勤もあるし、きついけど、休みや待遇はいいと思います。周りの友達に比べればお給料は高いし、夏休みもきちんと取れるし。土日は休みではないですが、平日に休みが取れるので、働き方としては悪くないと思います」

――今現在、感じていることがあれば教えて下さい。

「注意した受刑者から、『なんであの先生にあんなこといわれなきゃいけない』とか、『なにあの先生』という言葉が聞こえてくると、『注意される自分のほうが悪いやろ』と思います。若いので、受刑者になめられているなと感じますが、これればかりはしょうがない。

反対に、『あの先生若いなあ』『かわいいなあ』としゃべっている声も聞こえてきます。そうしたことに捉《とら》われず、受刑者の更生に向けて仕事に取り組んでいます。犯罪に手を染める人を減らし、防犯に貢献できればいいな。刑務官の仕事に興味をもってくれる人を増やせればと思います」

## 「見なくてもいいものが見えてしまう場所」

刑務官という仕事の内容を「よく知らないで職に就いた」と話す職員は多い。警察官と違い、一般社会で目に触れる機会がほとんどないためだろう。剣道や柔道などをしていて、「武道の先輩からこういう仕事があると聞かされて興味をもった」と話す刑務官も多かった。

仕事については、どの職員からも「厳しい」という言葉が聞かれた。

高校を卒業して民間企業に数年勤めてから刑務官になったという勤務6年目、20代の女性は「民間にいたときには味わったことのない厳しさがある。民間企業のときは、会社に行きたくないなあと思っても出かけていたが、刑務官になってからは、こんなに行きたくないものかと思うぐらい行きたくなく、しんどいときがあります」と話す。

なぜか。

「自分の行動が曖昧《あいまい》で、しっかりしていないと、たったひとつの行動がすごく大きな事故につながる可能性があるから。法律も関係するので、適当にやり過ごすことができない」と説明する。

刑務所は閉鎖空間で、受刑者と濃密に関わらなければならない。中には、同じことを何度言っても従わない受刑者もいる。孤独感や自己承認欲求が強くて甘えてくる受刑者がいる一方で、表向きは従順でも、裏で規則を破る自分勝手な受刑者もいる。

「刑務所は人生の中で見なくてもいいものが見えてしまう場所。きついし、こちらのスタミナが奪われていく気がします」と話した刑務官は、「死のうかなと思うぐらいしんどくて」、半年以上、休んだことがあるという。退職するつもりだったが、先輩に引き留められ、先輩と話をするうちに再び仕事への意欲がわいた。

40代、勤続19年の女性刑務官も「辞めたいと思ったことがある」と打ち明ける。「受刑者との人間関係で苦労が多いうえ、就寝中に口から血を吐いた受刑者がおり、常に命を預かる場で働く大変さを痛感した」からだ。それでもここまで乗り越えてこられたのは「時間をかけて話を聞いてくれた上司のおかげ」と語る。

### 夜中の自殺未遂

多くの刑務官が指摘するのが、夜間、受刑者が眠る寮を一人で巡回する仕事の厳しさだ。大学卒業後、民間企業を経てこの仕事に就いた20代の女性刑務官は、巡回していたとき、カーテンレールが壊れた現場に立ち合ったことがある。「すごい衝撃でした。未遂で良かったけど、自殺って、本当にあるんだと思って」と振り返る。

「そうしたそぶりを全く見せない受刑者だったから、人って何を考えているのかわからないと本当に思いました。自分勝手に『大丈夫』と思ってしまうのが一番危険。それからは仕事に向かう態度が変わりました」

自殺は、刑務所としては最も避けたいものだ。自殺されないようにするために、現場ではどうしているか。

「夜勤の見回りは、ただ単純に歩いているのではありません。寒くなると頭まで布団をかぶって寝てしまう受刑者がいる。だから布団の形や寝相を覚えていて、前に巡回した時と布団や体の位置がずっと同じでないかを確認する。顔が見えなくても、呼吸により、わずかに布団が上下しているかどうかなどでも判断します」とベテラン刑務官が話す。

巡回中、少しでも足音や鍵の音がすると「うるさい」と苦情を言ってくる受刑者もいる。靴音で巡回を悟り、違法行為を隠す者もいる。「だからなるべく音を立てず、巡回していることを悟られないように歩く」という声も聞いた。

## 刑務官は「歯を見せるな」

反抗的な態度を隠さない受刑者もいる。規則に違反して部屋で寝続け、注意すると首を絞める動作や舌を噛《か》むような動作を見せる。突然、刑務官の顔をたたき、工場にある工具を投げつける者もいる。

中には職員にカマをかけてくる受刑者もいる。

「何度も刑務所に来ている受刑者の中には、職員の失敗や弱みを見つけ、あわよくば味方に引き込んで、いいように使ってやろうと考える者もいる。受刑者はずっと職員を見ているから気を抜けません」。女性刑務所で働く男性のベテラン刑務官がそう説明する。

「職員のことをよく見ている」という言葉は、別の女性刑務官からも聞いた。

「今日の夜勤はこの職員だからちゃんとしておこうとか、職員の勤務シフトを数えている受刑者がいます。刑務官のシャツにアイロンがかかっているか、靴はきれいか、どんな時計をしているかなど、受刑者は刑務官のことをとにかくよく見ている。靴がブランド物なのを見て、『私服でもおしゃれなんですね』と声をかけてきたり、『先生、若そうだね、何歳なの』と言ってこちらの年齢を聞き出そうとしたりする」

刑務官が携帯電話を受刑者に使わせたなどという不祥事は、「大抵、『先生、その時計カッコイイね』という言葉から始まるので要注意」という。勤務中はなるべく個性を出さず、時計はシンプルなものにして、シャツにはアイロンをピシッとかけて隙を見せないようにする。

「隙を見せると逃走される危険性が高まる。刑務官は笑うな、歯を見せるなといわれるぐらい。普通の社会では、ことに女性は、笑顔で、明るく、優しく、おしゃれなのが良しとされるけれど、ここでは真逆。社会の人とどんどん離れていく感じがします」

こうした話を聞くと、高校や大学を出たての若者が刑務官になる大変さが想像できる。

仕事のきつさから離職する人もいる。ある刑務所幹部は「運営で難しい点はいろいろあるが、職員の定着は一番の課題。勤務1年目の職員の半分が辞めた年もあり、この仕事の魅力をいかに感じてもらえるか、悩みは尽きない」と本音を明かす。

## 感謝されることが少ない仕事の魅力とは

では、この仕事の魅力とは何か。

「刑務官の仕事をしていて思うのは、人を育てているという実感があること。人が底辺から這《は》い上がる姿を見られる。学校の先生より、人を育てる実感は強いのではないかと思います」と話すのは、40代の女性刑務官だ。

別の40代の女性刑務官は「受刑者が出所する時、『ありがとうございました』と胸を張って帰るところを見ること」を挙げる。

「刑務官は受刑者の個人情報を守らなければならないし、他人に話せない分、なかなか仕事の中身がわかってもらえない。むしろ怖いとさえ思われている。でも、理解されなくても、すごく誇りをもてる仕事」とこの刑務官は付け加える。

勤続40年のベテラン男性刑務官は「非常に人間くさい仕事」と語る。厳しく接しなければいけないが、それだけでは受刑者の心はつかめない。一方、甘くしてつけ込まれたのでは元も子もない。

「最後は人が人を指導するということなので、自分たちの人間力を高めないと受刑者もついてこない。自分の指導の仕方で人が変わっていくのがこの仕事の醍醐味《だいごみ》。もちろん、いうことを聞く人ばかりではないので、聞かない人をどう変えていけるかが課題。そこでうまくいくとやりがいを感じます」と説明する。

30代の男性刑務官も、「人間への対応」がこの仕事の面白みだと強調する。

「受刑者は、人により性格や思いの出し方が全く違う。こうすればこの人は更生するのではないか、考え方を変えてくれるのではないかとこちらも考えて、いろいろ試す。こちらのいうことを理解して、いい方向に変わってくれるときがあるのがこの仕事の魅力であり、やりがいです」。大変な分、仕事の喜びや、やりがいは尽きないという。

休暇など、働く環境が整っている点も、魅力のひとつといえそうだ。

勤続19年の間に育児休業を二度取得したという40代の女性刑務官は「働きやすい職場」と述べる。離婚後、シングルマザーとして子供3人を育てた女性刑務官は、「経済的な自立が可能となる給与水準」を仕事の魅力に挙げた。

ベテランの女性刑務官がこう話す。

「人から良かったですねとか、祝ってもらえる仕事ではない。感謝されることもなければ、あまり誉められることもない。だから自分で魅力を見つけるしかありません」

たとえば、「今日はミスをしなかったとか、受刑者の態度が少しだけ良い方向に向かったとか、後輩が仕事をできるようになったとか。受刑者は子供でもあり、敵でもある。人と人がぶつかるきつい仕事だけれど、この仕事が社会の規範や安全確保の維持に役立っていると思えるから頑張れます」

## 受刑者には「寂しい人が多い」

刑務官から見た受刑者像はどのようなものか。

多くの職員が指摘したのが「寂しい人が多い」「自分を認めてほしいと思っている人が多い」「意志が弱く、自分に甘い人が多い」「自立できていない人が多い」などだ。「家庭環境に恵まれず、小さい頃に親を亡くしたり、親が離婚したりして、あまり親の愛に恵まれなかった人が多い」「先を見ることができずに、その場の感情や欲求で動く。感情の統制が苦手な人が多い」との指摘も多く聞かれた。

ベテラン刑務官は「年配の受刑者が増えたのが以前との大きな違い」と話す。「受刑者全体の人数は減っているが、医務から処方される薬の量が増え、ここは病院かと思うほど。薬を必要とする高齢者が増えているのと、精神的に不安定で、睡眠剤などの薬を要求する人が増えている」という。
「受刑者を見ていて感じるのは、みんな、よりどころがほしい、ということ」
この指摘も職員全体に共通している。

職員へのインタビューを通じて、刑務官という仕事はあまり知られていないものの重要な役割を担っていると感じた。人間が相手だけに、観察能力やコミュニケーション能力が求められる。もちろん、受刑者への虐待などは言語道断で、その仕事を一方的に評価することはできない。ただ、受刑者には様々な人がいるだけに、人生経験が少ない若者にはかなりきつい仕事ではないかと感じた。「安全の最後の砦《とりで》」に対する社会の理解を広げることが必要だ。

## 矯正医官の声

刑務所の中で働くのは、刑務官ばかりではない。様々な職種の中には、受刑者の健康管理を担う矯正医官と呼ばれる医師もいる。この章の最後に、一般刑務所で働く50代の男性矯正医官のインタビューを紹介したい。

――この仕事に就いたきっかけは何ですか。

「これまで、大学病院で内科の臨床や研究の仕事をしてきました。人生半ばを過ぎ、別の形で世の中の役に立てないかと思い、医者が足りずに困っているところを探したら、そこが刑務所でした。全くの異世界に飛び込みました。働き始めて1年目です」

——刑務所の中での医療は、一般社会の中での医療とは随分違いますか。

「全額国庫負担で賄う矯正医療は、予算や設備の制約が厳しく、ある意味、離島の医療に似ていると感じます。離島では、ふだんは住民のよろず相談にあたっているけれど、そこでの治療が難しくなると他の施設に患者を移送する。それと同じで、ふだんは受刑者の不眠の訴えからがんの診療まで様々なことに対応し、必要に応じて患者を外部の病院や医療刑務所に送ります」

——受刑者の診察を通じて感じることはありますか。

「受刑者を診ていると、貧困、親からの虐待、性暴力被害など、劣悪な成育環境で育った人が多いと感じます。精神的な脆弱《ぜいじゃく》性を抱え、認知にゆがみが出ている人もいます。自己肯定感が低い人が多いのが気になります」

——ほかに感じることは。

「女性刑務所は男性刑務所と違い、刑期や犯罪傾向などによる区別がなく、初犯も累犯もみんな一緒に収容されます。男性より数が少ないから仕方ないのかもしれませんが、治療効果を上げるためには刑期や犯罪の内容によって場所を分けたほうがいいと感じます。

また、受刑者の中には『刑罰』の意味がわからなくなった認知症の高齢者もいれば、摂食障害や薬物依存の若い受刑者もいます。刑罰を科すよりも、社会の中で福祉や治療、教育を受けさせた方がよいのではと個人的に思います」

——受刑者の医療をすることに対しては、何か思いはありましたか。

「医者として罪を犯した人を助ける仕事に就くことに、正直、複雑な思いはありました。でも、あるとき、犯罪被害で子供を失った方から『私は受刑者が心身ともに健康で罪を償ってくれることを一番願っている』といわれて、自分の仕事はこれでいいのだと、救われた思いがしました。

1日三度の食事が出て、医療も税金で受けられる受刑者は恵まれ過ぎとの批判があります。でも、犯罪防止の観点から見れば、出所者が罪を償いながら心身ともに健康で善良な市民や納税者になるのが一番いい。そう思って受刑者の医療に向き合っています」

# 第5章 「外」と「中」を隔てるもの

## ――塀を低くする試み

## なぜ刑務所に戻ってしまうのか

これまで、刑務所の中の様子を伝えてきた。死刑囚など一部を除き、受刑者は刑期が終われば社会に戻ってくる。自活した社会生活を営むには、住まいがあり、仕事があることが不可欠だが、「住まいが見つからない」「職を得られない」など、家族にも社会にも受け入れられず、結局は、再び刑務所へ戻ってしまう受刑者が少なくない。

再犯を生まない取り組みとして、出所後の生活をにらみ、刑務所にいる間から、住まいや仕事探しを支援する活動が広がっている。外から支援者が刑務所の門をくぐって中までやってきて、受刑者と接触し、できるだけ社会生活がスムーズに再開できるようにする。それは、人生に躓《つまず》いた者の再チャレンジを可能とし、様々な過去をもった人が共生する成熟社会への挑戦ともいえる。

本章では、一般社会と刑務所を隔てるカベ（塀）をできるだけ低くして、出所者が再び社会で活躍できるような支援・再犯防止活動の取り組みを紹介する。

まずは仕事の支援から。職探しの「ハローワーク」が刑務所に出前をしている、いや、刑務所の中に常駐していると聞いて、常駐施設のひとつである笠松刑務所を訪れた。

## 刑務所の中のハローワーク

２０２０年11月、岐阜県笠松町にある笠松刑務所内の一室で、こんなやり取りが繰り広げられていた。

**ハローワークの職員**「今日は求職票をお持ちしました。ご本人さんのご意向を確認したいと思います。仕事は何が希望ですか？」

**女性受刑者**「介護です。次が製造、その次が建築。寮付きの仕事でお願いします」

**職員**「関西圏で寮付きの介護の仕事を探してみます。何か資格はありますか？」

**受刑者**「ないです」

受刑者は30代。覚醒剤《かくせいざい》取締法違反、無免許過失運転致傷などで服役した。刑務所に入ったのは四度目だ。

中学校を卒業後、飲食店や建築現場などで働いた。親が自殺するなどして両親はなく、祖母に育てられた。取材のインタビューでは、「父親を失ったのが、自分の中では非常に大きかった」と振り返る。

介護を志望する理由については、「刑務所にはおばあさんの受刑者がたくさんいる。自分はおばあちゃん子だからか、下の世話が苦にならないタイプ。大変だけど、下着が汚れたまでいるよりずっといい」と話す。
職員とこの受刑者の会話の続き。

**ハローワークの職員**「正社員として働く機会に恵まれなかった就職氷河期世代向けの助成金があります。年齢的にあてはまり、正社員を希望されているので検討しましょう。それと、精神障害者保健福祉手帳をお持ちと聞きました。病名は何ですか」

**受刑者**「統合失調症です」

**職員**「わかりました。ここで紹介できるのは受刑者等専用求人です。もし、刑務所にいたことを誰にもいいたくなければそれを使わずに、出所後、一般の求人で仕事を探す方法もあります。その際、障害者専用の求人を使うこともできます」

「受刑者等専用求人」というものがあるのを取材で初めて知った。これは、受刑者や少年院在院者などを対象にした求人のことを指す。雇用を希望する事業主が刑務所を指定し、その刑務所にハローワークを通じて求人情報が提供される。マッチングがうまく進めば事業主が刑務所を訪れて面接し、出所前に就職先が決まる。

ハローワークの職員によると、コロナ禍の影響で最近はオンライン面接が増えた。求人で多いのは、男性は建築土木、女性は介護。コロナ禍で飲食関係の求人は激減した。

この受刑者は「刑務所にいたことをオープンにすればこうした形の職探しもＯＫなんやと初めて知った。今度こそ生活の基盤を作りたい」と語る。

次にハローワークの職員が面談したのは刑務所に入ったのは二度目、いずれも覚醒剤取締法違反という30代の女性受刑者だ。

**ハローワークの職員**「希望の職種は」
**受刑者**「スーパーやパン屋さんの接客。パートが希望です」
**職員**「出所後、帰るところはありますか」
**受刑者**「はい。母が身元引受人になってくれています」
**職員**「タトゥー（入れ墨）があるそうですが、どこに」
**受刑者**「（袖《そで》をまくって）ここです」
**職員**「半袖だと出ちゃうかな。ワードとエクセルはどれぐらいできますか」
**受刑者**「入力はできます」

ほぼ水商売で生きてきたと話す受刑者。タトゥーは大きくはないが、確かに袖が短いとはっきりわかる。パートを希望したのは、保護司との面会や通院、薬物依存からの回復を目指す自助グループに通うことを考えてのことだという。

「水商売での接客は楽で給料もいいけど、生活が安定しない。今度出所したら朝から働く普通の仕事をしてみたい」とこの受刑者が取材インタビューで話す。ただし、就職には履歴書が必要で、それを書くのが大変だ。「中卒なので、履歴書の欄がすぐ終わってしまう。書くのをためらってしまいます」とやや恥ずかしそうな顔をした。

刑務所には「教科指導」といって、基礎的な学力が足りない受刑者向けに、中学校や高校レベルなどの勉強を教える刑務作業もある。この受刑者も教科指導を受けている。その話になると、「勉強を教えてくれるんですが、正直、私は苦手。でも、就職はどこか採用してもらえたらすごくうれしい」と笑顔を見せた。

## 「仕事の有無」と再犯率

ハローワークと刑務所と保護観察所などが連携した政府の「刑務所出所者等総合的就労支援対策」は２００６年度に始まった。２００４年頃から重大な再犯事件が相次ぎ、再犯者が無職状態だったことが問題視されたためだ。

２０２１年版犯罪白書によると、２０２０年に刑務所に再入所した男性の70・5％、女性は88・１％が再犯時に無職だった。また、法務省によると無職者の再犯率は有職者の約３倍に上る。保護観察対象者における就労状況別再犯率（２０１４年から２０１８年までの保護統計年報の累計）によると、有職者では７・７％の再犯率が、無職者では24・６％となる。仕事の有無が再犯の要因に影響していることがうかがえる。

刑務所にハローワークの職員が駐在し、刑務所と一体となって就労支援をする「就労支援強化矯正施設」の取り組みは、２０１５年度に始まった。２０２１年１月現在で、全国に36か所（1か所は少年院）ある。

そのひとつである笠松刑務所では、ハローワークの職員が駐在官として週１回、勤務しており、上記のような面接相談などが行われている。

笠松刑務所ではまた、就労支援などの業務の一部を民間事業者（小学館集英社プロダクション）に委託している。事業者は「ジョブソニック」と呼ばれる出所者就労支援プロジェクトにより、受刑者を対象とした企業説明会や、マナーやメーキャップ講座などを開催している。企業説明会は１度に３社ほど、近隣だけでなく県外の企業にも呼びかけて、ブース形式や講演会方式などにより説明の場を設けている。

キャリアコンサルタントの資格をもち、刑務所内で就労支援を実施する民間事業者の社員によると、介護、飲食、農業、建設・建築関係の企業に声をかけたり、「コレワーク」を通じて企業を紹介してもらったりしている。「コレワーク」とは、出所を控えた受刑者などと企業のマッチング支援を行っている法務省所管の機関（矯正就労支援情報センター）を指す。

それらの資源を最大限活用しても、採用してくれる企業を見つけるのは難しい。コロナ禍でホテルの求人は大幅に減った一方、「断トツで求人が多い」のが介護で、介護を希望する受刑者も多い。

受刑者との面接を終えたハローワークの職員は、「受刑者と接していて思うのは、高齢化が進んでいるということ。40代半ばから50代前半が増え、最高では73歳の人がいました。これまでした仕事といえばほとんどが水商売で、一般の就労経験がなく、そもそも就職活動をしたことがないという人もいます。だから就労支援では、履歴書の書き方や面接での受け答え、謙譲語や尊敬語の使い方など、一から学んでもらっています」と説明する。

満期出所者の場合は、ハローワークに1人で行くのが受刑者にとっては「高い壁（＝難しい）」になっているほか、「そもそもハローワーク自体を知らない人も多い」。また、企業によっては罪名が殺人の場合は受け入れができないなどの採用基準がある。就職の際、刑務所にいたことを明らかにするかしないかは「半々といったところ」だそうだ。

「刑務所にいたことを絶対に知られたくないという人もいれば、出所したら気持ちがぐらぐらしてハローワークに行かなくなるから、前科がわかっても刑務所出所者等を対象にした専用の求人で決めてしまいたいという人もいます」

課題は、働き始めることができても継続しない場合が散見されることだ。これについては、刑務所幹部も「出所者が働き続けられる力をどう養えるかが課題だ」と強調する。

前科がある人を受け入れる事業所の開拓も大きな課題だ。とりわけ女性の場合、育児や介護をしながらでも働ける場所が求められる。

## エステ、美容などの職業訓練

就労するには、資格があった方が有利な場合がある。出所後の生活をにらみ、塀の中では刑務作業の一環として実に様々な職業訓練が実施されている。法務省によると、2020年度には溶接、フォークリフト運転、情報処理技術、介護、美容など計53種類の職業訓練が実施され、約1万1300人が修了した。職業上必要な知識や技能の習得や、免許や資格の取得が目標だ。訓練風景の一端を見てみよう。

「足の裏を押さえながら爪先に向かって指を滑らせて」

講師の言葉に受刑者がじっと耳を傾ける。

2020年11月。介護、フォークリフト、美容、パソコンなど、多くの職業訓練を実施している栃木刑務所で、エステの訓練が始まった。外部から講師を招き、民間のエステティシャンの資格を得られる職業訓練は2008年に開始された。エステの資格を取れるのは、全国の刑務所でも「ここだけ」という。

訓練期間は半年で、週に数回、1回4〜5時間かけてみっちり学ぶ。受刑者が互いに施術師役と客役になって、腕を磨く。所作に関しても、講師がいろいろ助言や指導をするので、「動作が優しく、女性らしく変わってくる」と訓練担当の刑務官はいう。また、「再犯を防ぐには職業訓練が大事」と力を込める。


美容師になるための訓練も、1968年から実施している。国家資格を得るのにふさわしいとみなされた受刑者が、2年間にわたる訓練を受けに全国から選抜されてやってくる。生活態度が少しでも悪いと、途中で訓練終了になる。美容師は独創性や美的センスが問われる。美容師になる講座の一環として、選択科目として美術の訓練もある。取材した日は水彩画を学ぶ日で、全体の構図や色の配合、デッサンの仕方、全体のバランスなどを外部の講師から学んでいた。

国家資格を得た受刑者が刑務作業の一環として一般客の髪を切る美容室も、刑務所の敷地内にある。「ニューあさひ美容室」がそれだ。

中に入ると、シャンプー台が２台、ほかに３台ほどの椅子が大きな鏡の前に置かれている。中はシンプルで清潔感が漂い、普通の美容室とほとんど変わらない。「仕事が丁寧で値段も安いとあって評判はとてもいい。常連の方が月に数人みえます」と担当の刑務官がいう。

客は、入り口で携帯電話を預ける。髪型などについては受刑者と話ができるが、個人情報に関することや事件に関連する話は一切できない。利用できるのは、栃木市内在住で65歳以上の女性など、いくつかの要件がある。

美容室の一角に、しゃれたヘアスタイルやメイクをしたマネキンが数台、飾ってあった。栃木刑務所では、年１回、美容師の卵たちの腕を競う競技大会を開催しており、そこに出品された作品だ。外部から選考委員を招いて審査する本格的な大会で、２０２０年はコロナ禍で開催できなかったものの、例年、出品を楽しみに腕を磨く受刑者が多いと聞いた。

受刑者が創作したもので目をひいたのは、「ゲゲゲの鬼太郎」と名付けられた作品だ。鬼太郎や目玉おやじ、ぬりかべなど、漫画のキャラクターがヘアスタイルに上手に取り込まれている。

指導にあたる美容担当の作業指導員は、元美容師の女性だ。刑務所で働いて7年になる。出産後、仕事に復帰しようと思った時、職業訓練の作業指導員の募集があるのを知った。刑務所や受刑者には怖いイメージが強く、応募をためらう気持ちがあったが、身内から「刑務所の中で働くチャンスはめったにない」と言われて応募した。「自分の技術が役に立つなら」と考えたと話す。

いざ働き始めてみると、普通の美容院と違って土日は休みで、給与や福利厚生もよい。働きやすい職場だと実感した。学んでいる受刑者の技術のレベルは「高い」と見る。訓練に十分な時間をかけられる上、資格取得後、通常の美容院と違って「すぐにハサミを持て、他の受刑者の髪などを切ることができるから」だ。

## 1953年から訓練開始

栃木より早く、1953年から美容の職業訓練を始めたのが笠松刑務所だ。敷地内には一般客が利用できる「みどり美容院」があり、ここでも受刑者が刑務作業の一環として接客にあたっている。

シャカシャカシャカシャカ……。観葉植物が飾られた明るい雰囲気の美容院に髪を切るハサミの軽快な音が響く。普通の美容院と違うのは、栃木同様、制服姿の刑務官が常時見守っていることと、客は携帯電話をロッカーに預け、事件などに関わる会話は一切できないことだ。

カットとブローは1000円、パーマ（ショートの場合）は2000円（2020年1月現在）。こちらは栃木と違って65歳以上といった制限はなく、成人女性が予約の上で利用できる。年間延べ約700人が利用し、リピーターも多い。

女性刑務所で一般客向けの美容院を持つのは、栃木刑務所、笠松刑務所のほかに和歌山刑務所（和歌山市）がある。和歌山刑務所の場合は、入所前に美容師だった受刑者の腕が落ちないために訓練しているという。

笠松刑務所ではまた、ホテルの客室清掃の職業訓練にも力を入れている。刑務所内には本物のホテルの部屋と見まごう客室清掃訓練用の実習室があり、受刑者はここでベッドメイキングや掃除の技術を学ぶ。雇用ニーズを踏まえ、客室清掃の職業訓練は2017年から始まった。実際にホテルに就職した例もある。時代に合わせた訓練ということで、ネイルケアの職業訓練も実施している。

## 出所後の「受け皿」探しも

出所後の生活を円滑にするには、仕事だけでなく住まいや生活支援、福祉的支援があることが欠かせない。家族などが温かく迎えてくれればよいが、そうした受刑者ばかりではない。むしろ家族関係が断絶し、経済的にも苦しく、住む場所や生活上の支援を自分で整えることが難しい受刑者が少なくない。

そうした受刑者が社会生活を円滑に再スタートできるよう、支援者が塀の中にやってきて行う「特別調整」と呼ばれる取り組みがある。「地域生活定着支援センター」の職員が刑務所内にやってきて、出所後の生活再構築に向けた様々な調整を実施する。

地域生活定着支援センターは、国が２００９年度から各都道府県に設置し、各都道府県が民間に運営を委託している支援機関だ。高齢または障害があるために福祉的な支援を必要とする出所者に対し、出所後直ちに福祉サービスなどにつながることができるよう、刑務所と保護観察所、福祉機関などが連携している。

まず、刑務所が福祉的な支援が必要な受刑者を選び、本人に支援を受ける意向があるかどうかを確認する。次に保護観察所が支援の要件を満たすことを確認した上で、対象者を選定する。それを受けて地域生活定着支援センターが対象者の受け入れ先の自治体や福祉事業所などとの受け入れ調整を担う。同センターはまた、出所後の就労支援や相談業務も行う。

どんな活動か、具体的に見てみよう。

２０１８年11月、笠松刑務所に福井県地域生活定着支援センターの職員が来て、受刑者と面談をした。受刑者は翌年に刑期満了を迎える70代の女性だ。

**センター職員**「頂いたお手紙で出所後の生活の不安がひしひしと伝わってきました」

**受刑者**「よろしくお願いします」

この受刑者は夫と共謀して万引きし、止めようとした警備員にけがを負わせた罪で服役中。出所後は福井県に住むことを希望しているため、福井県地域生活定着支援センターの職員が笠松刑務所にやって来た。

**センター職員**「出所後、センターに入れるのか、また、センターの支援を受ければ仮釈放になるのかというご質問がありました。センターには入所できないし、仮釈放はセンターが決められることではありません」

**受刑者**「はあ」

**センター職員**「そうではなく、私たちは、住まいを探したり、福祉サービスにつなげたりして生活環境を整えるお手伝いをします。そのお手伝いはしっかりできますのでご安心下さいね。ところで、親族との連絡はありますか」

**受刑者**「きょうだいとは疎遠です。子どもからは今後、一切関わりたくないといわれています」

センターと一緒になって生活支援をする業務を担うのが刑務所に勤務する福祉専門官だ。社会福祉士などの資格を持ち、帰住先の確保だけでなく、年金請求の手伝いや認知症の受刑者の場合は後見の申し立ても行う。

福祉専門官がいう。

「出所後の『受け皿』探しは大変です。何をされるかわからないと、受け入れに二の足を踏む福祉施設もあります。支援が必要な人ほど『保証人になれるような頼れる人がいません』という。住居だけあってもだめ。支えになる人を作ることが一番重要だと思います」

法務省の調査では、2012年に出所後、2年以内に再び罪を犯し、刑務所に入所した再入率は、65歳以上の高齢者全体では22・8%。だが、特別調整の対象者は16・8%と低かった。高齢受刑者が増えているだけに、特別調整により、地域生活定着支援センターや刑務所、保護観察所などの協力の必要性が高まっている。

## 官民で広がる条例や求人誌

出所者支援により刑務所と一般社会のカベ（塀）を低くする取り組みは、官民で広がりつつある。

兵庫県明石《あかし》市は、更生支援の取り組みを推進するための条例（「明石市更生支援及び再犯防止等に関する条例」）を作り、２０１９年４月から施行した。支援を必要とする元受刑者の円滑な社会復帰を目指して「共生のまちづくり」を推進することが目的だ。更生支援の取り組みの背景を以下のように紹介していた。

障害のある人や認知症などがある高齢者の中には、地域社会とも行政とももつながることができず孤立し、生活に行き詰まるなどして、万引きなどの犯罪を繰り返してしまう人もいます。また、近年では、再犯者による犯罪が全体の多くを占めていることが判明するなど、社会の安全のためには再犯防止が重要となっています。市では、共生のまちづくりの一環として、このような支援を必要とする生きづらさを抱えた人が、地域で安定した生活ができるよう支援する更生支援の取り組みを平成28年から進めています。また、この取り組みは、このような人が再び罪を犯すことをなくし、市民の誰もが安全で安心して暮らせるまちづくりに資するものでもあります。

同市では警察署や検察庁、刑務所などとの連携を2016年から強化した。役所内に更生支援担当も置いた。取り調べ中に認知症や知的障害が疑われるようなケースは検察庁などから連絡を受け、対象者の心理検査を実施したり、障害者手帳を発行したり、福祉施設を紹介したりしている。

民間でも、受刑者や元受刑者向けの求人誌が発行されるなどの取り組みが広がりつつある。社会福祉法人南高愛隣会（長崎県諫早《いさはや》市）では、「共生社会を創る愛の基金」という名の基金を創設し、受刑者の社会復帰を支援する団体などに助成している。同会のリーフレットには以下のような記載がある。

受刑者の1／4に知的障がいの可能性があったり、社会に受け入れられるすべをしらずに犯罪を繰り返している障がい者や少年がいたり、コミュニケーションに障がいがあるため十分な取り調べや裁判を受けられないままの人たちが多くいるなど、この分野において障がい者への配慮が不可欠なことがわかってきました。むしろ、こうしたある意味で極限の分野にこそ、社会的な弱者にとっての「生きにくさ」が集約しており、何らかの手だてが必要だということができましょう。（中略）民間の側から、障がいのある人たちにとっての適正な刑事司法プロセスを保障し社会復帰を進める仕組みを研究・提言するとともにそうした仕組みを実際に機能させるための活動を支援し、併せて同様の困難を抱える人たちの支援を行うための基金を設立します。

## 自立・更生を助ける更生保護施設

出所後、頼れる身内がないなど、すぐに自立・更生ができない人に一定期間、宿泊場所や食事を提供し、自立・更生を助ける民間の施設が更生保護施設だ。全国に103か所あり、そのうち女性専用の施設は7か所、女性も男性も受け入れることができる施設は8か所（2022年1月1日現在）ある。中でも古い歴史を持つのが東京都渋谷《しぶや》区にある更生保護施設「両全会」で、大正時代の1917年に教誨師《きょうかいし》だった藤井恵照《ふじいえしょう》氏が刑期を終えた女性のために自宅を開放して始めた。

訪れると、明治神宮の森を背にした都心の一等地にあり、近くには高層ビルが立ち並ぶ。5階建て。日中、元受刑者の女性たちは近くの飲食店やスーパー、ビルなどに働きに行っているのでほとんどいない。定員は20人で、覚醒剤取締法違反や窃盗罪で服役していた人が8

割方を占めるという。

ここでの平均在所期間は約4か月間。その間に、アパートを借りて自活出来る資金として30万円ほどを貯めることが奨励されている。

家庭に恵まれず、社会人としての振る舞い方がわからないまま成人になった人もいるため、施設では挨拶《あいさつ》や掃除の仕方などの生活指導をするほか、金銭管理も職員がチェックする。積極的に外部のボランティアを受けて、パソコン教室を開いたり、依存症からの立ち直りのためのプログラムを開催したりしている。

就労は自立や更生に不可欠だが、「高齢者が増えて、必ずしも働ける元受刑者ばかりでなくなってきているのが悩みどころ」と更生保護法人「両全会」理事長の小畑輝海《おばたてるみ》氏はいう。また、「更生保護施設を出てからどう社会と連携していけるかが課題。ここを出たらおしまいではなく、自立や社会復帰に寄り添える事業を展開していきたい」と述べる。フォローアップの必要性は、他の更生保護施設からも聞かれる指摘だ。

## 出所者への支援

刑務所での生活を終えた元受刑者は、社会に戻り、どんな生活をしているのか。

神奈川県茅ヶ崎《ちがさき》市にある特定非営利活動法人（NPO法人）の協力で、50代の元受刑者の女性に話を聞くことができた。この女性は、法人の生活支援を受けながら、民間アパートに暮らしている。

大学卒業後、保育士として働いていたが、結婚を機に退職。その後、40代の頃に知り合った男性が覚醒剤をやっていたことから、自分も覚醒剤に手を染めるようになった。逮捕され、執行猶予になったものの再び覚醒剤に手を出し、関西地方の刑務所に服役した。2年の服役生活を経て仮釈放後、更生保護施設に身を寄せ、そこで、現在支援を受けている法人を紹介された。精神障害者保健福祉手帳を持っており、生活保護を受けながら週3回程度、作業所で段ボールの組み立てなどをして働いている。

なぜ覚醒剤をするようになったのか、現在の生活をどう考えているのかなどについて、女性の話に耳を傾けてみたい。

## 50代、元受刑者「刑務所は自由がないから、もう行きたくありません」

私、2回、結婚と離婚をしているんです。覚醒剤を使ったのは2回目の離婚後、40代の頃。食堂で知り合った男性と仲良くなり、一緒に暮らし始めた後で、その男性が覚醒剤をしていることを知りました。

それまでは覚醒剤なんてテレビドラマの世界の出来事で、全く無縁でしたから、驚きました。短大を出て保育士となり、1回目に結婚した人も、2回目に結婚した人もクスリと全く関係なかったので、自分が使うようになるなんて思いもよらなかった。

なぜやる気になったかといえば、「やせるからやらない?」といわれたから。「やせる」という一言はすごく大きかった。その頃、食べ過ぎでダイエットをしなければと思っていたんです。

いざ注射を打ってもらったら、気持ちがよく、気分が晴れやかになって、神経痛も吹き飛んで。あらー、こんないいものがあるのかしらと思いました。

クスリを打つと、ものを食べたくなくなるから、自然にやせることができました。また、体が軽くなり、気持ちがすごく解放されました。当時暮らしていた家は一軒家だったので、好きなアーティストのレコードやCDをボリュームいっぱいにかけて、家中に音楽を鳴り響かせて。自分も近くのものをチャンチャカ叩《たた》いてハイになりました。

注射は月2回ぐらいは打ってもらっていましたかね。

ただ、半年ほどたつと頭が痛くなり、体にあまりよくないと思うようになりました。でも、その頃はもう依存していたと思います。

そのうち、クスリ仲間の男性が同居して3人で暮らすようになり、その人から注射してもらうことも増えました。やがてそちらの男性と暮らすようになったんですが、一緒に暮らしてみると、その男性は暴力をふるうDV男性でした。一緒に寝ることを拒否しようものならいきなり踏みつぶされ、顔もたたかれる。鎖骨が折れたほど、すさまじい暴力でした。

それからいろいろあり、一時は誰も知らない土地で生活保護を受けながら新しい生活を始めたんですけど、何だか寂しくて、最初に覚醒剤を教えてくれた男性の知り合いに連絡を取ったりして。こんな生活をしていてはだめだと、実家に戻ったこともあります。でも、私がいる場所はないなと思って。別に虐待されて育ったわけではなく、普通に育てられたんですけど、子どもの頃から、親にかわいがられて育てられた感覚がなく、望まれて生まれてきたのではないという感覚がぬぐえなくて。それでまた昔の仲間に連絡を取ってみたり。

最初に捕まったときは執行猶予になりましたが、また捕まり、結局、2年ぐらい服役して仮釈放となりました。刑務所は自由がないから、もう行きたくありません。

注射を自分で打てていたら、もっと頻繁に覚醒剤をやっていたと思います。注射を打つと、何だか赤ちゃんの頃に戻れる感じがするんです。本を読むと、幼児期の愛情不足が薬物依存症やギャンブル依存症を引き起こす可能性があると書いてありました。自分も、幼児期に愛情を与えてもらっていなかったと感じていて、その寂しさがあったのかなと思います。

覚醒剤をすることはもうないと思っています。昔はクスリよりも人恋しくて昔の仲間に連絡を取っていたけど、今は法人のホームがあるんで。食事も１人ではなく、法人の支援を受けているほかの仲間と一緒に朝晩食べています。職員の方が気にかけて、よくしてくれます。刑務所にいたときは、いつも刑務官に見られていて、見られている安心感や、自分の存在がそこにちゃんとある感じがしていましたが、ここでは職員さんが見てくれているので落ち着けます。

覚醒剤に出合わなければよかったかと聞かれれば、私は出合ってよかったと思っています。自分はこんなに音楽が好きだったんだということを知ることができたし、クスリをやっているときは、自分自身が存在して良かったと思えたから。もちろん、覚醒剤を使わなくてもそういうことを知ったり、わかったりできればよかったのかもしれませんが……。

ただ、覚醒剤は、やり続けると幻聴や幻覚が出てくるし、内臓にもダメージを与えます。注射を回し打ちしたせいでC型肝炎になりました。覚醒剤は使わずに済めばそれに越したことはない。覚醒剤の使用を減らすには、覚醒剤そのものがなければいいと思います。

この女性を支援する特定非営利活動法人では、本人同意の上で携帯電話を管理し、服薬についても近隣の薬局と連携するなど、非常にきめ細かな支援を行っている。そうしたサポートがあれば、再犯の可能性は低くなるのではないかと思われる。

## フィンランドの「カベを作らない」試み

ここまで、刑務所と一般社会とのカベ（塀）を低くする様々な取り組みを見てきた。国や地域が変われば、刑務所事情も相当異なる。そもそも、カベ（塀）を作らずに受刑者を処遇しているところもある。平成29年版犯罪白書には、フィンランドの「開放刑務所」の様子が紹介されている。白書に掲載されていたフィンランドの開放刑務所における社会復帰支援プログラムを紹介する。

フィンランドの首都ヘルシンキの中心部からフェリーで15分ほどのスオメンリンナ島は18世紀に建築された海上要塞《ようさい》の遺跡が残され、島全体がユネスコの世界遺産に登録されている。

この島の中にあるスオメンリンナ刑務所は「開放刑務所」と呼ばれる。施設は低い柵《さく》に囲われ、その外観はおよそ刑務所には見えない。収容棟の内部もデザイン性が高く、受刑者専用のサウナも設置されている。

同刑務所には約１００人の受刑者が生活しており、全員が「閉鎖刑務所」から移送されてきた。その中には暴力事犯者や薬物事犯者も含まれる。大半の者が日中、外出し、刑務所周辺の遺跡の補修や園芸などの作業や職業訓練に従事する。外出・外泊制度を利用して釈放前から公共雇用サービスを訪れて求職活動を行う者も珍しくない。ほかにも、受刑中でありながら日中はフェリーで島外に外出し、一般企業の仕事をしたり、「KUVAプログラム」などの特別な活動に従事したりする者もいる。

「KUVAプログラム」とは、就労支援と薬物・アルコールに対する依存症からの回復支援とを組み合わせた取り組みを指す。ヘルシンキ市の刑務所及び保護観察所を管轄する南部刑事制裁管区とヘルシンキ市社会福祉局、依存症専門の民間医療機関等が連携して行っている。市が多機関連携の中心となり、受刑中から刑期終了後まで一貫して対象者を支援する体制が整えられている点が特徴だ。

プログラムの参加希望者は、同市または同刑務所のソーシャルワーカーの面接などを経てこの刑務所へ送られる。通常の刑務作業は行わず、最初の4～6週間は刑務所外にある市が運営する職業リハビリテーションのための作業所に行く。森林の樹木のせん定作業などをしながら、ソーシャルワーカーから個々の支援サービスの必要性に関する調査を受ける。その結果を踏まえ、市は関係機関との連絡調整を行う。

次の6週間で、対象者はフェリーや鉄道、バスを利用して市内の邸宅の修理・改修工事をする。一般社会の中で、元犯罪者のピアサポート（同じ立場にある仲間同士でのグループによる話し合い）に参加したり、民間医療機関の提供する薬物依存者向けプログラムを受けたりする。この間も市または刑務所のソーシャルワーカーが定期的に対象者と面接する。監督付き自由による早期釈放の可否を見定めるとともに、必要に応じて釈放後の住居の手配を行う。監督付き自由が許可されると、市と対象者の間で労働契約が結ばれ、給与として月約150ユーロが支払われる。この段階で対象者を公共雇用サービスにつなげ、KUVAプログラム終了後の就業先の確保に向けた調整に入る。刑期終了後も、対象者はプログラムへの参加を続ける。釈放から通算して1年ほどで、薬物・アルコールを再び乱用することなく、自立した生活へ移行することが期待されている。

市社会福祉局の担当者などによれば、プログラムの対象者は薬物・アルコールに対する依存の問題だけでなく、受刑回数が多く、平均年齢も高いなど、幾つもの就業上の困難を抱えている。しかし、多くの者は徐々に働くことへの喜びを見いだし、自発性が高まっていく。重要なのは刑務所からサービスを途切れさせず、就労や住居などの段階的な支援を刑期終了後まで続け、徐々に対象者の自立の度合いを高めていくことだという。

## 北欧例外主義

フィンランドの事例は示唆に富む。もちろん、犯罪や刑罰に対する国民感情や歴史、文化、哲学は国によって異なるだけに、一足飛びに日本にも導入をというわけにはいかない。しかし、「サービスを途切れさせず、就労や住居などの段階的な支援を刑期終了後まで続け、徐々に対象者の自立の度合いを高めていくこと」という指摘は参考になる。

小西暁和・早稲田大教授によると、北欧では、社会復帰した際に円滑に社会生活を送ることを可能とするため、「刑務所内の処遇においても、社会や家族といった施設外とのつながりが重視されている」という。

その一例として小西教授が挙げるのが、スウェーデンのミョルビー市にあるフェンニンゲ刑務所（男性刑務所）だ。ここでは、面会室に家族が1か月に一度（24時間）、宿泊できる。配偶者やパートナーと2人での面会は3時間可能だ。

フィンランドのハメーンリンナ市にある開放型の女性刑務所（ヴァナヤ刑務所）には、2010年に、10名定員の「家族ユニット」が設置された。原則として子供が2歳になるまで、そこで子供とともに生活することができる。背景には、「幼いうちは、母親と一緒に過ごした方が子供の発達にも良い」との考えが基本にある。母親である受刑者の社会復帰に向けた動機づけとしても良いそうだ。

小西教授によると、北欧における刑事司法の運用は、「厳罰化」が進行してきた英語圏諸国と対比して「北欧例外主義」といわれる。刑務所内での収容をできるだけ回避し、社会内で制裁を科す方向性を示す。具体的な取り組みとしては、電子監視を行うことや、社会奉仕活動を実施させることなどが挙げられる。

「刑罰を科す『制裁』と『ケア』のジレンマは、どの国でも見られるが、犯罪者処遇の基本となる『人を人として遇する』理念が、北欧の犯罪者処遇には明確に見られる。北欧例外主義は日本の刑務所の今後のあり方を考える上でひとつの参考になる」というのが小西教授の見方だ。

日本でも、治療や教育、指導に重きを置いた札幌刑務支所のような取り組みが始まっている。２０２２年には、懲役刑と禁錮《きんこ》刑を廃止して一本化した「拘禁刑」を創設し、刑期の過ごし方に柔軟性を持たせる改正刑法が成立した。

刑務作業が義務の「懲役」と、義務ではない「禁錮」の区別をなくし、受刑者の特性に応じ、刑務作業や教育を柔軟に組み合わせた処遇ができるようにする。狙いは受刑者の更生や円滑な社会復帰、再犯防止だ。施行されるのは公布から3年以内の見通しでまだ先だが、日本流の刑務所改革が今後、どうなるかが注目される。

# 終　章　「塀の中のおばあさん」はなくせるか

## ――塀の内側から考える社会保障

## 「塀の外」の生きづらさ

女性刑務所内の様子や受刑者らの声を伝えてきた。犯罪に走った理由は人それぞれだが、受刑者や刑務所で働く職員たちの話からは、経済的不安や孤独が大きな要因として浮かび上がる。

また、インタビューした受刑者の中には、不遇な幼少期を過ごした人や、高い教育を受けられなかった人が少なくなかった。薬物などの依存症となり、治療や教育が必要な受刑者が多いこともわかった。これらを踏まえた上で、どうすれば塀の中に入る女性を少なくできるかについて、終章では考えたい。

かつて、冤罪《えんざい》により半年近く拘置所に勾留《こうりゅう》された経験を持つ元厚生労働事務次官の村木厚子さんが、次のように語ったことがある。

「現実社会の中で生きづらさを抱えた人が、自分の弱さもあって逃げ込んだ場所が刑務所ではないかと思います」

このうち、「弱さ」は、最終的には自分で対峙《たいじ》してもらうしかない部分だ。多くの人が自分の弱さに甘えずに、塀の手前ぎりぎりのところで踏ん張って、社会の中で生きているようにである。ただ、心が弱ってどうしようもないときに、本人が弱さを乗り越えるための支援を周囲の人間がすることはできるだろう。

不遇な成育環境など、本人の努力ではどうにもならない部分については、社会全体で対応する必要がある。近年、「親ガチャ」という言葉が世間の関心を集めた。「ガチャ」はソーシャルゲームの用語で、語源はカプセル型の玩具《がんぐ》が出てくる自動販売機などとされる。「どんな親のもとに生まれてくるかで子どもの人生が決まる」という意の造語だ。どんな親のもとに生まれるか、どんな環境のもとで育つかは自分で決められない。だから、それを個人の責任にだけ帰すのはフェアではないといえる。

これだけ寿命が延びた時代には、たとえ人生に躓《つまず》いても「やり直し」がきく社会にしないと、生きづらさから「負の回転扉」にはまる人が跡を絶たない可能性がある。特に女性は長生きであるにもかかわらず、経済的な自立や自活が難しくなりがちだ。そうした女性を取り巻く社会の構造や、社会保障の仕組みを見直すことも欠かせない。さらに、刑務所や刑罰のあり方に関しても、海外の取り組みも参考にしながら、改善していくことが求められる。

以上のような問題意識のもと、女性の経済状況と社会保障、成育環境と求められる支援、刑務所のあり方などについて、もう少し論を深めてみたい。

## ケア責任のため、就業継続が難しい

まず、女性が経済的困難に陥りがちな理由と対応策から考えてみたい。受刑者のインタビューでは「経済不安」「節約」「生活困窮」を犯罪の理由に挙げる人が多かった。経済的な自立ができていれば、他人に依存し、犯罪に巻き込まれるリスクを減らせる可能性がある。

女性が低賃金・低年金になりがちな理由のひとつに、育児や家事、介護などの家庭責任を負いやすく、そのために就業継続が難しい点が挙げられる。

国立社会保障・人口問題研究所の「第16回出生動向基本調査〈夫婦調査〉（第1子の出生年が2015－2019年）」によれば、長年、4割前後で推移していた第1子出産後も就業を継続した女性の割合は、69・5％にまで上昇した。育児休業や保育所の整備・拡充がこの背景にあるとみられ、特に正社員として働く女性は、育児休業制度を利用してそのまま就業を継続するケースが目立つ。

他方、正社員の就業継続率が83・4％なのに対し、パートや派遣などの非正規労働者の割合は40・3％と、大きな差がある。非正規として働く場合は、出産後、労働市場から離れてしまう傾向が見られた。

離職の理由は様々だが、妊娠・出産を機に離職した女性を対象としたアンケート（明治安田生活福祉研究所「出産・子育てに関する調査」、2018年6月）では、「子育てをしながら仕事を続けるのは大変だったから」という理由が一番多かった。仕事と子育ての両立への負担が、女性の就業継続の大きな壁となっていることがうかがえる。

令和3年版男女共同参画白書によると、6歳未満の子供を持つ夫の家事・育児関連時間（週全体平均）は徐々に増えてきたものの、妻と比べるとその差は明らかなままだ。2016年の調査では、共働き世帯の夫の1日あたりの家事・育児関連時間は82分なのに対し、妻は365分となっている。

## 非正規が多い

非正規雇用の多さも、女性の賃金の低さや経済的困窮につながっている。

働く女性が増えたとはいえ、全体としてはパートや派遣などで働くケースが多く、女性の非正規労働者の割合は5割を超える（54％、男性は22％。2020年）。出産、育児などで一度仕事を離れた女性が再就職する際も、パートなどの非正規雇用に就くケースが多い。

非正規は、解雇や雇い止め（雇用期間満了時に使用者が契約を更新しないこと）など、賃金や待遇面で厳しい環境に置かれることが多く、不安定な働き方となりやすい。

ここで、男女計のデータではあるが、非正規雇用と正規雇用との格差について見ておく。厚生労働省の「毎月勤労統計調査（令和3年分結果確報）」によると、フルタイムで働く一般労働者の月間の現金給与総額（基本給や賞与、手当などを含む税引き前の額）が41万9500円なのに対し、パートタイム労働者は9万9532円。また、厚生労働省の「令和2年度能力開発基本調査」によれば、日常業務に就きながら行われる教育訓練について、正社員に対して実施した事業所は56・9％なのに対し、非正規雇用労働者の場合は22・3％。業務命令で通常の仕事を一時離れて行う教育訓練については、それぞれ68・8％、29・2％となっている。

社会保障の適用状況についても差がある。厚生労働省の「令和元年就業形態の多様化に関する総合実態調査」によると、正社員の9割以上が「雇用保険」「健康保険」「厚生年金」に加入しているのに比べ、非正規雇用労働者はそれぞれ約71％、約63％、約58％（パートタイム労働者に限ると、それぞれ64％、約49％、約43％）だった。賃金や待遇面で厳しい状況に置かれやすいのが非正規労働者ということがうかがえる。

ここで断っておきたいのは、「非正規」という働き方自体が悪いわけではないということだ。1984年に604万人（男女計。雇用者に占める割合は15・3％）だった非正規労働者は、1990年代以降大きく増え、2019年には2165万人（38・3％）にまで膨らんだ。増加の背景には、人件費が安く、雇用の「調整弁」として使いやすい人材を企業が望んだ点が大きいが、「都合のよい時間に働きたい」という働く側の希望もあった。確かに、「時間の融通が利く」「家事や育児などと両立しやすい」「体調に合わせて働くことができる」など、非正規は、魅力的で多様な働き方のひとつといえる。

ただし、海外と違って、日本では単に「働く時間が短い」ということだけでなく、賃金水準が低く抑えられていたり、正社員にはあるボーナスや手当、休暇、福利厚生などがない場合があったりと、待遇面での格差が大きく、不安定な働き方となっている点が問題だ。

### 男女の賃金格差

女性が経済的困難に陥りやすい背景として、男性の給与の約7割という男女間の賃金格差も挙げられる。

令和3年版の男女共同参画白書によれば、2020年の男性一般労働者（常用労働者のうち、短時間労働者を除いた者）の給与水準を100とした場合の女性一般労働者の給与水準は74・3。また、正社員の男女の所定内給与額を見た調査では、男性の給与水準を100としたときの女性の給与水準は76・8となっている。背景には、女性は非正規雇用が多いこと、女性の管理職が少ないことなどがうかがえる。長期的に見れば男女の賃金格差は縮小傾向にあるとはいえ、その差は依然として大きい。

## 年金額も低い

賃金の低さは老後に受け取る年金額にも直結する。厚生年金の平均受給月額は、男性の約16・6万円に対し、女性は約10・5万円（2020年度末、基礎年金含む）と、大きな開きがある。

総じて高齢女性の所得水準は低めであり、とりわけ、高齢の単身女性には低所得者が多い。2017年9月、日本学術会議の主催で、「再考：高齢女性の貧困と人権」と題した公開シンポジウムが開かれた。主催者の一人で首都大学東京（当時）の阿部《あべ》彩《あや》教授によると、日本の貧困者の約5人に1人が高齢女性という。原因として、女性は出産・子育てなどで就労期間が短く、賃金も低いために低年金になりやすいこと、長生きのため、結婚しても単身になりやすく、一定の財産や持ち家がないと貧困に陥りやすいことなどが指摘されている。

このシンポジウムで日本福祉大学の藤森《ふじもり》克彦《かつひこ》教授は、高齢単身女性が貧困に陥りやすい背景として、①基礎年金（国民年金）のみの受給者の比率が高い、②厚生年金を受給しない人の比率が高い、③厚生年金や共済年金の受給者に占める低所得（年収150万円未満）の比率が高い、④無年金者の比率が、夫婦のみ世帯よりも高い――などを挙げた。また、今後、80歳以上の単身男女が急速に増えていく中で、現在、親などと同居する中年未婚女性は親亡き後、高齢単身世帯となり、貧困リスクが高まる懸念についても言及した。

結婚しない人の増加も相俟《あいま》って、単身化は今後ますます進む見通しだ。「『大シングル社会』が来る。その到来への備えが必要だ」と警鐘を鳴らす識者もいる。国立社会保障・人口問題研究所の推計によれば、50歳時の未婚割合（生涯未婚率）は、２０４０年に男性は約３割、女性は約2割にまで上昇する。

高齢女性が増える約20年後は、就職氷河期世代が高齢者の仲間入りをする時期と重なる。この世代は、非正規雇用など不安定な就労環境を余儀なくされたケースが多く、低所得の高齢者が急増しかねない。中には、「塀の中のおばあさん」の一員になってしまう人が出てくるかもしれない。

では、どうしたらよいのか。その話に移る前に、「非正規」や、女性の働き方について言及しておきたい。まず、これまで何度も使ってきた「非正規」という言葉について。

## コロナ禍と非正規女性

「非正規」とは何か。

実は、「非正規」の法律上の定義はなく、法律用語でもない。これは「正規」も同じことだ。

ただし、社会に広く認知されている概念はある。

一般に、①企業に直接雇用されている、②期間の定めがない、③フルタイムで働く――という正規雇用に対し、そのひとつでも欠ける働き方が「非正規雇用」と呼ばれる。パート、アルバイト、契約社員、派遣社員などがこれにあたる。

雇用形態を決める要素には労働時間、契約期間などがあるが、経済学者で一橋大経済研究所教授の神林龍《かんばやしりよう》氏の著書『正規の世界・非正規の世界』（慶応義塾大学出版会）によれば、職場でどう呼ばれているかの「呼称」が実態把握に最も重要な意味をもつ。だから「フルタイムで働くパート」などという、ちょっと首をひねるような働き方も出てくることになる。

女性は非正規雇用が多く、不安定な雇用状況に置かれてきた。その不安定さを露呈・可視化したのが、新型コロナウイルスの感染拡大といえる。コロナ禍により、「シーセッション（She-cession、女性不況）」という言葉が世界各地で聞かれるようになった。「シー（＝she、女性）」と「リセッション（＝recession、不況）」とをかけ合わせた造語で、女性の雇用悪化を表す。

新型コロナウイルスは、女性が多く働く飲食業や宿泊業などのサービス業を直撃した。それにより、解雇や雇い止めなど、働き続けることが難しくなる女性が続出した。野村総合研究所は、女性のパート・アルバイトで仕事（シフト）が半分以下に減り、休業手当も支払われない「実質的失業者」が2021年2月時点で103万人いると推計した。また、同年5月に実施した調査では、コロナ禍でシフトが減ったパート・アルバイト女性の約2人に1人が「新型コロナ流行以降、ずっとシフト減の状態が続いている」と回答し、影響が長期化していると指摘した。

労働相談を行うNPO法人「POSSE（ポッセ）」によると、2020年2月後半から7月半ばにかけ、POSSEと労働組合「総合サポートユニオン」に寄せられたコロナ関連の労働相談は約2900件。女性からの相談が通常より多い約6割を占めた。30代や40代が多く、休業補償の不払いや雇い止め、生活困窮などに関する相談が目立ったという。

令和3年版男女共同参画白書も「シーセッション」について触れている。白書ではまた、女性の非正規労働者が2020年3月以降、前年同月差の推移を見ると13か月連続で減少したほか、ドメスティック・バイオレンス（DV）の被害が深刻化したこと、並びに、2020年の自殺者数は、男性は前年と比べて減少したものの、女性は935人増加した点についても触れている。

## 「M字カーブ」はなくなったのか

女性の働き方の変化についても触れておきたい。

働く女性が増えたことに関連して、「M字カーブ」が解消した、という言葉を耳にする機会が増えてきた。出産や育児を機に一度仕事をやめて、再び働き始める——そんな女性の働き方を表す用語として広く知られてきたのが「M字カーブ」という言葉だ。20代に上昇した労働力率が出産・育児期にあたる30代に落ち込み、再び上がる様子が「M」の字に似ていることからそう呼ばれてきた。

長年、女性の継続就業を阻む壁の解消が課題とされてきたが、働く女性の増加などでM字の谷が浅くなり、近年、M字カーブは徐々に解消されつつある（図1参照）。

代わって最近、登場したのが「L字カーブ」という言葉だ。2020年に、政府の文書（政府の有識者懇談会「選択する未来2・0」中間報告）に初めて登場した。女性の正規雇用率が20代後半に5割を超えてピークに達した後、一貫して下がり続ける様子を指した言葉である（図2参照）。

内閣府の担当者は「保育の受け皿の拡大などで『M字』は解消されつつあるが、出産後、

**図１　女性の年齢階級別労働力率（Ｍ字カーブ）の推移**

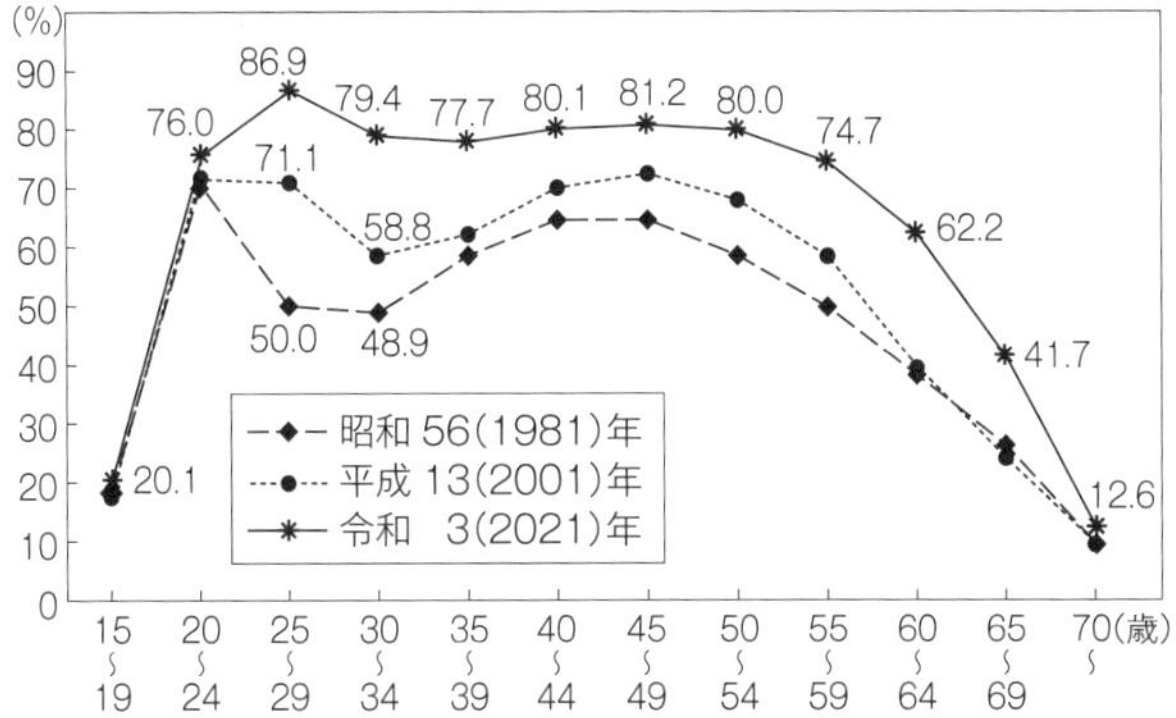


（備考）１. 総務省「労働力調査（基本集計）」より作成。
２. 労働力率は「労働力人口（就業者＋完全失業者）」／「15歳以上人口」×100。

（令和４年版男女共同参画白書に基づき作成）

**図２　女性の就業率と正規雇用率（正規雇用率のカーブが「Ｌ字カーブ」）**

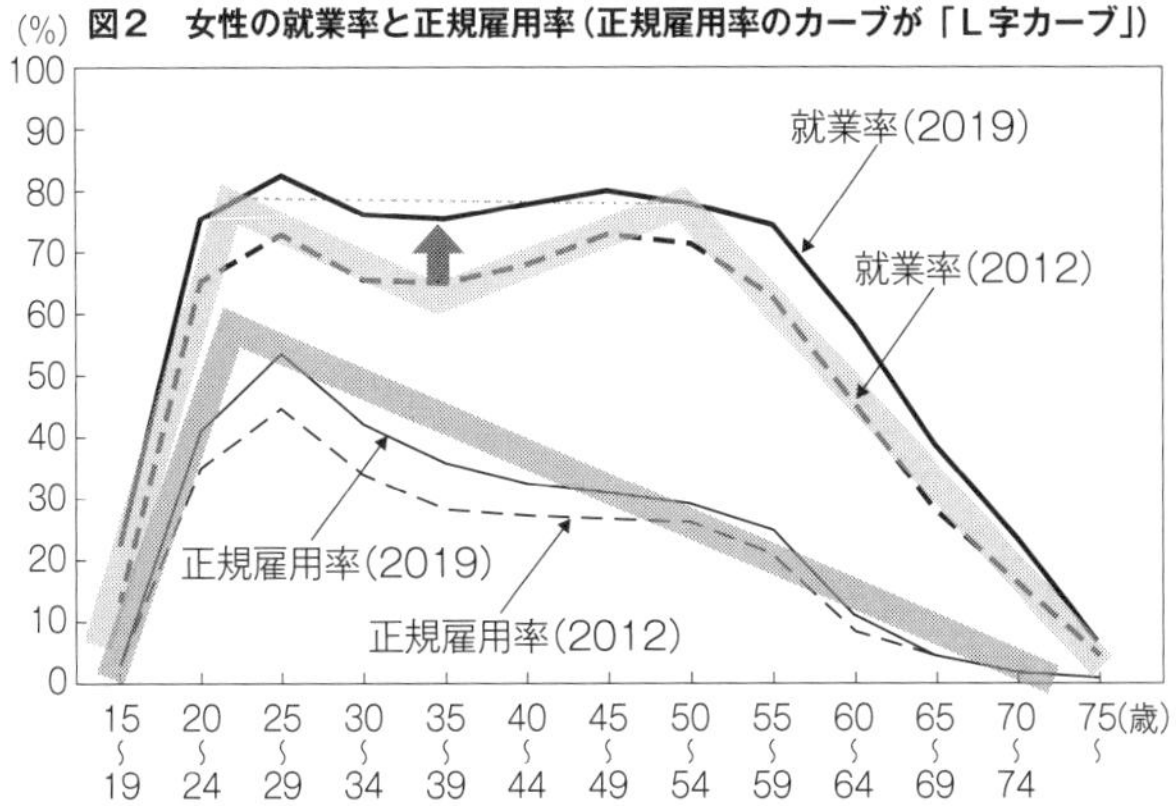


（備考）１. 総務省「労働力調査（詳細集計）」により作成。
２. 就業率や正規雇用率は人口に占める割合。

（「選択する未来2.0」中間報告に基づき作成）

非正規雇用の選択肢しか事実上残されていないのは問題だ」とした上で、「こうした状況をわかりやすく伝えたいと、担当大臣と相談して『L字』と名付けた」という。ちなみに、このときの担当大臣は西村康稔《にしむらやすとし》経済再生担当大臣だ。

ところでこのL字、正直、M字のようにわかりやすくない。年齢別の正規雇用率を線で結ぶと、への字形のカーブが表れる。への字の頂点にくるのが20代後半で、以降、正規雇用率は年齢とともに下降する。この「へ」の字形のカーブを左に90度回転させた形が「L」の字に似ていることから「L字カーブ」と名付けたようだが、個人的には「への字カーブ」といったほうがピンとくる。

女性の経済的自立や社会での活躍、人口減社会における労働力確保の点などから、女性の就業率が各年齢層で上がり、M字カーブが解消の方向にあるのを歓迎する声は強いが、「M字が解消されたからといって問題解決というわけではない」という声が労働の専門家の間から聞かれる。就業率が上昇したといっても、その中身は「非正規雇用」が中心で、非正規雇用は先に触れた通り、低賃金で不安定な働き方となりやすいからだ。

このL字カーブは、専門家にいわせると「極めて特殊」な形であるようだ。就業率が増えていて、正規雇用率が年齢とともに下がるということは、逆から見れば、年齢とともに非正規で働く人が増えることを意味する。

**図3　年齢階層別非正規労働者の割合（男女別、2021年）**

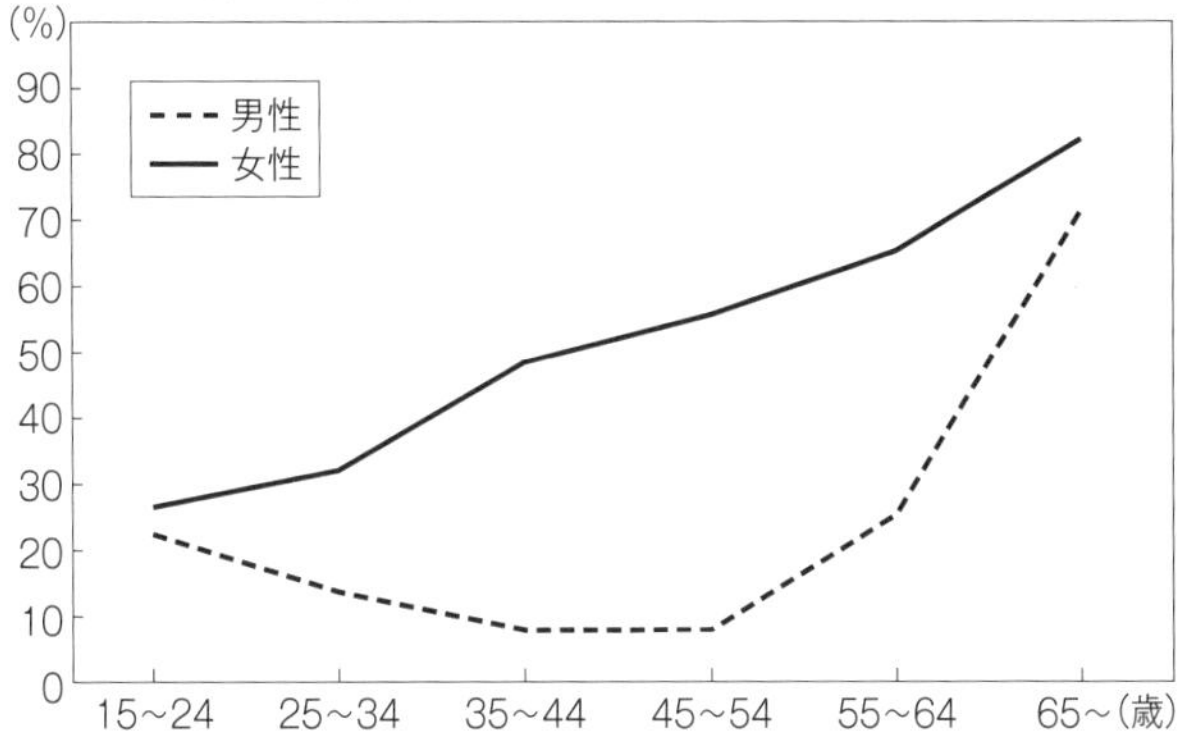


（備考）1. 役員を除く雇用者に占める非正規の職員・従業員の割合。
2. 15～24 歳は在学中を除く。

（権丈英子教授作成。データは総務省「労働力調査」）

「他の先進国では、女性の非正規雇用労働者の割合は、中年期に低下する男性と同じ形を描くのに、日本の女性の場合は年齢とともに上昇する。だから特殊なんです」と、亜細亜大学の権丈英子《けんじょうえいこ》教授（労働経済学、社会保障論）が解説する。

ここでもうひとつ図表を見てみよう。日本の非正規雇用比率を男女別・年齢階層別に見たグラフだ。男性の場合、非正規雇用の割合が多いのは若年期と高齢期で、中年期は正規雇用が主流であるのに対して、女性は年齢とともに非正規雇用割合が上昇しているのがわかる。権丈教授はこの図を「胃袋型」と呼ぶ（図3参照）。

「L字カーブ」にせよ、「胃袋型」にせよ、なぜ日本の女性の働き方にはこんな特徴があるのだろうか。「正社員の短時間勤務や在宅勤務などが進まない中で、柔軟な働き方をしたくとも正規で働く選択肢があまりないという現実が『L字カーブ』や『胃袋型』を生み出していると思う」というのが権丈教授の分析だ。

こうして見てくると、①「短時間正社員」の普及など労働時間や勤務場所の選択肢を増やし、正社員の働き方をもっと柔軟にする、②正規と非正規の不合理な格差をなくし、非正規雇用の待遇を改善する——といった政策が必要なことがわかる。

以上、非正規の意味や、女性とコロナ禍、女性の働き方について述べてきた。正規や非正規の働き方の見直しについてはここでも少し触れたが、では、どういう対応策が求められるのかを考えてみたい。

## ケアを女性だけに担わせない

就業継続にあたり、女性が負わされがちな家事やケア責任を女性だけに担わせないようにすることが考えられる。男性が育児休業を取得しやすくするための改正育児・介護休業法が2021年の通常国会で成立し、2022年度から順次施行されている。柱のひとつが、男性版の産後休暇（産後パパ育休）の創設だ。出生後8週間以内に、男性が最大4週間の休業を取れる新たな制度で、女性にとってはもちろん、生まれてくる子どもにとっても、長時間労働を強いられがちな男性にとっても、制度創設の意義は大きい。

男女ともに長時間労働をやめ、仕事と家庭生活のバランスが取れる政策のさらなる推進が望まれる。子供の成長過程などに合わせて、勤務時間を柔軟に変えられるオランダの働き方改革なども参考になる。

## 非正規の格差是正

非正規雇用の労働条件を巡っては、正規と非正規の間の不合理な待遇格差をなくす、いわゆる「同一労働同一賃金」を柱とする働き方改革関連法が２０１９年４月から順次、施行された。この政策により、格差是正が進み、非正規の労働条件が改善されるかが注目される。

ただし、２０２０年に出された最高裁の判決を見ると、格差是正に向けた道のりは厳しそうだ。その判決とは、「正社員と同じような仕事をしているのに待遇差があるのは不当だ」と非正規雇用の社員が訴えた五つの裁判における最高裁判決を指す。結果的に、賞与や退職金の是正を求めた2件はともに原告が敗訴し、手当や休暇を争った3件はいずれも勝訴した。格差が不合理かどうかは個別に判断されるため、今後、異なる判決が出てくる可能性はあるものの、総じて「手当」は認められやすい一方、「賞与」や「退職金」といった賃金体系の骨格に関わるものは否定されやすいという傾向がうかがえる。

待遇が不合理かどうかの判断は、働き方に密接に関わる。正社員はこれまで、長期安定雇用や年功序列型賃金が保障される代わりに、「いつでも・どこでも・何でも」という無限定で、滅私奉公的な働き方が求められてきた。労働法の専門家は「こうした働き方が評価される限り、待遇差は是正されづらく、是正の効果は正社員と同じように働く一部の非正規にとどまる可能性が高い」と見る。

しかし、正規に見られる無限定な働き方は、決して望ましいものとはいえない。男女格差の拡大や少子化の進行につながるリスクも高い。正社員の待遇の見直しも含めた働き方改革の実現が求められる。

## パートの年金保障を厚く

これからの時代は兼業や副業が増えることが予想される。また、全員が全員、正規の働き方を望むわけではない。公的年金などの社会保険の加入に関し、不利な条件に置かれやすい非正規の現状を改めることが急務だ。

ここで、パートなどの非正規と年金の関係について説明しておきたい。

日本の公的年金制度では、雇われて働く人（被用者）は厚生年金に入るのが基本だが、週の労働時間が30時間未満の短時間労働者は対象外とされている。２０１６年10月から、週20時間以上働く人にも加入が義務づけられたものの、「従業員５００人超の企業に勤務」などの条件がついた。厚生年金に加入できない場合は国民年金に加入する。しかし、保険料の半分を企業が負担する厚生年金とは異なり、国民年金では本人が全額負担し、年金も満額でも月約６・５万円（令和３年度）の基礎年金しか受け取れない。定年のない自営業者と違って、被用者の老後保障としては極めて不十分だ。そのため、さらなる適用の拡大が検討されてきた。

その結果、「従業員50人超の企業に勤務」にまで適用範囲を広げることに決まり、その第一段階として「従業員１００人超の企業」に勤務している従業員を対象に２０２２年10月から適用拡大が実施された。「従業員50人超の企業」の場合は、２０２４年10月から実施される予定だ。

企業規模要件が「撤廃」にならなかったのは、負担増となる中小企業への配慮が必要とされたためだ。企業への配慮はもちろん必要としても、働く側が勤務先の事業者規模で厚生年金に加入できたり、できなかったりするのは合理性に欠ける。老後の所得保障を厚くすることは、長生き時代に必要な施策だ。厚生年金の適用拡大は、加入する個人にとってだけではなく、年金財政全体にとってもメリットがある。できるだけ多くの非正規労働者が厚生年金に加入できるようにしていくことは、将来の貧困・生活困窮者を減少させていくための効果的で重要な政策といえる。

なお、現行の社会保険制度や税制、企業の配偶者手当をめぐっては、働き方に中立でなく、就業調整を誘発したり、「『非正規を雇ったほうが得だ』と企業に思わせる仕組みになっている」との指摘がある。これらについても、さらなる検討や見直しが必要だ。

## 知識とスキル習得の場

同じく重要な点として、仕事の知識とスキルを得られる環境の整備も挙げられる。経済的に自立ができ、必要に応じて新しい仕事のスキルを身につけることは、担税力を高め、消費を促す観点から、日本経済や社会にとってもプラスといえる。

出産後、あるいは、中年期を過ぎた後でも職業訓練を受けて新しい技術や知識を習得し、専門学校や大学などで「学び直し」ができる機会を増やすことが求められる。最近、職業能力における再教育や再開発を意味する「リスキリング（Reskilling）」という言葉がよく聞かれるようになった。終身雇用や年功序列型賃金が発達した日本では、これまで、職業訓練や職業教育を実施し、その間の生活を保障するという政策が手薄かった。デジタル化が進み、産業構造の転換も見られる今、職業訓練や職業教育に力を入れ、必要な知識とスキルをいつでも、どこでも、誰もが身につけられるようにしたい。

## 男女の賃金格差是正

男女の賃金格差是正に関して、2022年に動きがあった。

厚生労働省は2022年7月、従業員300人を超える企業に対し、男女間の賃金格差の開示を義務付ける女性活躍推進法の改正省令を施行した。企業は上場・非上場を問わず、事業年度が終了してからおおむね3か月以内に公表することが求められる。

企業は全従業員と正規、非正規の3区分それぞれについて、男性の賃金に対する女性の賃金の割合を公表する。男女間の賃金格差を「見える化」することで女性の管理職への登用や、出産・育児を経ても働き続けられる環境整備を促すのが狙いだ。開示された情報が企業のホームページや厚生労働省のデータベースなどで簡単に見られるようになり、不合理な格差是正が進むことが期待される。

## 「ステレオタイプ」を改める

女性の労働に関して、「女性は誰かに扶養されているのが普通で、家計補助的な働き方をしているから、たとえ解雇や雇い止めにあってもそれほど問題ではない」との見方が根強くある。

しかし、今はシングルマザーや独身者など、「主たる家計の担い手」として働く女性が増えている。共働きでも、夫の収入が不安定で女性の収入が家計に大きな割合を占める場合もある。労働力人口が急減し、産業構造全体が製造業中心からサービス業中心へとシフトする中で、女性の労働の価値や重要性、必要性は高まる一方だといえよう。

ＡＩ、ＩＴ、ロボットの普及で、体力的に女性には無理だとされてきた仕事も可能になってきた。高度成長期に形作られた「ステレオタイプなものの見方」を見直すことも必要だ。

## 「女性活躍」を進める

少子化や人口減少が進む中で、日本女性の活躍の必要性はＩＭＦ（国際通貨基金）やＯＥＣＤ（経済協力開発機構）など海外からも指摘されてきた。政府も女性活躍推進法を２０１５年に成立させるなど、政策を進めているものの、日本女性の「活躍度」は世界の中でも驚くほど低い。

非営利団体「世界経済フォーラム」が２０２２年に発表したジェンダー・ギャップ指数では、日本は世界１４６か国中、１１６位。ジェンダー・ギャップ指数とは①経済分野（労働参加の男女比、同一労働における賃金の男女格差、推定勤労所得の男女比、管理的職業従事者の男女比、専門・技術者の男女比）、②教育分野（識字率の男女比、初等・中等・高等教育の就学率の男女比）、③健康分野（出生児性比、健康寿命の男女比）、④政治分野（下院の国会議員の男女比、閣僚の男女比、最近50年における行政府の長の在任年数の男女比）の4分野を基に算出される。

ノルウェーでは２０００年代に企業役員のクオータ（割り当て）制を実施し、「取締役は男女ともに4割以上」を義務付け、女性役員の比率を4割にまで高めた。もちろん、「適材適所」「性別より個人の能力」が基本だが、「ダイバーシティ（多様性）」の重要性が世界的に高まる中、女性活用・女性活躍について、実効性を伴う政策が求められる。

## 女性の意識改革も必要

その際には、女性側の意識改革も欠かせない。離婚やリストラなど、リスクが多い時代に、自ら経済的に自立できる準備をしておくことは、「望まない人生」を送らないためにも重要だ。

評論家の樋口恵子さんは、「現役時代に十分働くことはもちろん、健康な65〜74歳の女性は、年金収入だけでなく、働いて月3万円でも5万円でも稼ぐことを提唱したい。働く覚悟さえできれば、ＢＢ（貧乏ばあさん）が増える可能性がある『おばあさんの世紀』も悲観しなくて済む」と述べている。

女性は「長い老後」に備える必要がある。繰り返しになるが、経済的な自立ができれば、意に染まずに夫や恋人、子供に依存する必要性も薄れる。

## 成育環境の課題

これまで、女性の経済的自立に関する論点を見てきた。「塀の中のおばあさん」を今後も減らしていくためには、成育環境にまつわる課題についても検討する必要がある。

矯正統計年報によると、2020年に新たに刑務所に入った女性のうち、「中学校中退」と「中学校卒業」を合わせた割合は約3割を占める。「高校中退」と「高校卒業」の合計は55%。それらを合わせると85%を占める。統計を見ていると、「小学校中退」や「小学校卒」も少数ながら存在する。もちろん、学歴は高ければいいというものではないが、学歴が就労上のネックとなる現実は残念ながらある。必要な時に、すぐに「学び直し」ができる環境の整備が求められる。

矯正統計年報には、新受刑者の罪名別能力検査値（矯正協会作成のCAPAS能力検査の結果）も掲載されている。それによると、IQ相当値69以下の女性受刑者の割合は約24%（2021年。テスト不能者除く、男女計では約21%）。こうした人たちも、騙《だま》されて犯罪に加担させられるなど、不利益を被りやすい。支援体制が必要だ。

同統計に成育歴に直接触れたデータはないが、第4章の覚醒剤《かくせいざい》取締法違反のところで紹介したように、小児期逆境体験（子供のときに遭遇した心的外傷を引き起こす可能性のある出来事）の経験率を見ると、女性は高い傾向にある。

「親が亡くなったり離婚したりした」は57・9％、「家族から心が傷つくような言葉を言われるといった精神的な暴力を受けた」は48・2％、「家族から殴る蹴《け》るといった体の暴力を受けた」は39％、「母親（義理の母親も含む）が父親（義理の父親や母親の恋人も含む）から暴力を受けていた」は30・3％といった具合だ。また、「家庭内に刑務所に服役している人がいた」は17・1％、「家庭内に自殺を試みた人がいた」は14％、「家族から性的な暴力を受けた」は6・6％などとなっている。

不遇な環境に育った人がすべて刑務所に行くわけではなく、不遇な環境を犯罪の理由にしてはならないが、親や家庭環境、地域の環境は自分では選べないだけに、本人だけの非に帰すのはフェアとはいえない。最近は、本来なら大人が担うべきとされる親やきょうだいのケア（世話）を子どもが担う「ヤングケアラー」の存在も明らかになっている。どんな家庭環境に育っても、養育や教育を受ける過程で差別されず、格差を助長しない支援や政策が求められる。児童虐待や養育放棄、DVが増加している折、「親」への支援の強化なども必要だ。

就職氷河期に見られるように、雇用環境も本人の努力だけではどうにもできない部分がある。誰もがディーセント・ワーク（働きがいのある人間らしい仕事）に就けるよう、職業教育や職業訓練に予算を割くことも検討課題だ。

## 伴走者支援の重要性

貧困、虐待、いじめ、失業、孤独、孤立……。こうした生きづらさは、女性だけでなく男性にもある。しかし、生きづらさを抱えた若い女性を支援する一般社団法人「若草プロジェクト」の代表呼びかけ人を務める元厚生労働事務次官の村木厚子さんは「妊娠・出産があり、性被害にも遭いやすい女性の場合、より困難の度合いが強い」と見る。経済的な基盤が弱いので、周囲に依存せざるを得ない。自分の頑張りよりも境遇に左右されやすいというのだ。

村木さんは「生きる上で多くの困難を抱えた人は、みな、逃げ場を探していて、そのひとつの形が犯罪なのではないか」とも話す。それが自殺の形で表れる場合もあれば、ホームレスの場合もある。自殺すると弱い人、ホームレスになると怠けている人、刑務所に行くと悪い人といわれるが、「ベースは同じ。生きづらさの表れ方が違うだけ」というのが村木さんの見方だ。

ただし、困難を抱えた人がみな罪を犯して刑務所に来るわけではない。犯罪に走るかどうかの分かれ目はどこにあるのだろうか。

「困難に寄り添ってくれる人がいるかどうかが、決定的に大きい」と村木さんは語る。「若草プロジェクト」に寄せられる女性からの相談を見ていると、家庭環境が不遇で親に頼れない場合、自分一人で頑張ってしまう女性がとても多いという。しかし、女性が一人で社会の中で頑張ろうとすると、風俗やクスリへの誘惑や罠《わな》がすぐに近づいてくる。「困っている人に伴走して、その人が背負っている『荷物』を一緒に運んだり、降ろしたりするのを手伝ってくれる人や場をどれだけ用意できるか。問われているのは社会のほうではないか」という村木さんの指摘は重い。

忘れてはならないのは、そうした支援が受刑生活に入る前にあったら、刑務所の門をくぐるところまでいかずに済んだ可能性が高いと思われることだ。福祉制度はもちろん、自治体や民間も巻き込んだ地域コミュニティーの再構築が果たせる役割は大きいと考えられる。

## 刑罰かケアか、二元対立論では解決しない

刑務所のあり方についても述べたい。

女性刑務所を取材して、改めて、薬物依存者や認知症高齢者など、何らかの「治療やケア」が必要な受刑者の多さを痛感した。

薬物依存や摂食障害の受刑者に対しては、「必要なのは刑罰よりも治療や教育」という声

が現場で多く聞かれる一方で、「それでは犯罪の歯止めがきかなくなる」「被害者がいることを忘れてはならない」との声も聞かれた。

摂食障害による犯罪を取材中、ある精神科医が話していた言葉が印象に残った。

「日本では『刑罰か治療か』の二元対立論になりやすいが、それだと問題は解決しない。刑罰の中に治療があり、治療の中に刑罰があるといった考え方がもっとできないものか」

「犯罪をゼロにしようとすると、制度も、社会もきつくなる。ゼロにするために、患者を厳しく管理したり、本当は責任能力があるのに『本人に責任能力なし』と診断したりしがちになるためだ。社会がある程度の寛容さをもたないと、当事者は犯罪を隠し続け、早期の治療や更生に結びつかず、結局、当事者の悩みは解決しない」

刑罰と治療のあり方に関しては、人々の価値観や国民感情、日本の刑法の成り立ちも関係するだけに、すぐに答えが見つかるものではないだろう。ただ、女性刑務所にいる受刑者を見ていると、厳重に処罰すべき犯罪と、犯罪ではあるが、受刑者に被害者的な一面もあり、治療やケア、教育に重点を置いた処遇・更生のほうが適した犯罪があるのではないかと感じる。

周囲に深刻な被害を与える危険な犯罪に繰り返し手を染める受刑者には懲罰の色合いが濃

い刑罰が必要なケースもあるかもしれない。しかし、そこまでいかず、むしろ治療や教育、自立のための生活支援の必要性が高いと見られるケースもある。犯罪の種類や動機、受刑者の性格、成育環境などを個別に判断するには人手がかかるが、それで再犯を防げ、社会の一員としてやり直す機会を与えることができれば、そのほうが社会全体にとってもよいとの見方もできる。

懲役と教育、訓練、指導との関係に関し、前述のように2022年に大きな動きがあった。刑罰から懲役と禁錮《きんこ》をなくし、新たに「拘禁刑」を創設する改正刑法が6月に成立した。再犯を防ぐため、作業の目的を「懲らしめ」から受刑者の「立ち直り」に移行し、懲役の場合にこれまで一律に義務付けていた刑務作業を見直し、指導や教育を充実させる。刑罰の種類が変わるのは1907年に刑法が制定されてから初めてというから、大改正といえる。「懲罰」「懲らしめ」から、「改善更生」に比重を移すことで、近年は約5割と高止まりしている再犯者の割合がどうなっていくのかが注目される。

何よりも大事なことは、刑罰と治療やケアのジレンマに悩む刑務所の実情を塀の外にいる人間がまずよく知ることだ。その上で、両者のバランスの取り方を議論していくことが重要だ。それらの検討にあたり、これまで紹介してきた海外の取り組みは参考になる。

## 刑務所改革

実社会から隔離された空間では問題なく受刑生活を終えられても、そこで終わりというわけにはいかない。誘惑が多く、人間関係でも課題が多い実社会で生きていく力を養うにはどうすればよいかという問題がある。実生活と離れた受刑生活の弊害は、服役生活が長くなるほど出てくるように思われる。その点、札幌刑務支所でのモデル事業は目をひく。

札幌刑務支所の試みに対しては、「なぜ犯罪者にそこまでしなければいけないのか」「教育や指導をするには人手もお金もかかる」「受刑者の権利意識が強くなり過ぎて、管理する側からすれば負担が増えて大変だ」などの声も聞かれる。しかし、これだけ再犯が多い状況を考えれば、そこに資源を集中し、再犯者を減らせる可能性に挑戦する意義は大きいといえよう。

高齢者の犯罪について、早稲田大学の小西暁和教授は、「少年法の高齢者版の創設も必要ではないか」と提案する。少年法では、未成年者に成人同様の刑事処分を科さず、家庭裁判所の調査や審判により、本人の健全育成を図っている。これを高齢者にも応用して、刑務所に行くのがよいのか、福祉施設に送るのがよいのかなどを判断する。家裁には家族法や後見制度に詳しい専門家がいるため、そうした人材も活用して新たな方策を検討してはどうかというわけだ。

刑務所見直しの点でいえば、取材で気になったのは、刑務官の号令の掛け方がいかにも軍隊調であった点だ。犯罪者からナメられずにしっかり「管理」するには、権威的で威圧的でなければならないということなのかもしれないが、違和感がある。長く刑務所にいて軍隊式の扱いに慣れてしまった受刑者の場合、現実の社会に更生・復帰する際、戸惑いが大きくなるのではないだろうか。

## 再チャレンジできる社会

自分の弱さから塀の中に「逃げ込んだ」としても、受刑者はいつまでも刑務所の中にとどまっていられるわけではない。やがては社会に戻り、労働や納税などを通じて社会や地域に貢献することが求められる。

塀の中に入るのは特殊な人間で、自分とは関係ないと思いがちだが、決してそうではない。過失運転致傷で禁錮刑となった20代の女性は、夜間、人けのない道路でスピードを上げ、人身事故を起こして服役した。ちょっとした不注意で思わぬ事故を起こす可能性は、誰にでもある。

自分は薬物使用や刑務所とは無縁だと思っている人が多いが、服役中の受刑者も、最初から自分が入所すると思って生きてきたわけではない。無関係に育ってこられたのは、親や、生まれ育った地域が薬物や犯罪に関係していなかったからで、「たまたま運が良かっただけ」という見方もできよう。

罪を改め、新たな挑戦をしたいと本人が本気で思ったとき、新しい仕事や生活につながるチャンスを用意できる社会であるかどうか。DV被害者になりやすい女性たちが経済的にも精神的にも自立して暮らせる社会かどうか。出産・育児・介護などで働きたくても働けない期間があっても、不安にならず、誰かに相談したいときには寄り添ってもらえる社会であるかどうか——。

本人の罪を問うだけでなく、塀の外の社会が問われている部分も大きいと感じる。

## 「おばあさんの世紀」到来までにすべきこと

塀の中に認知症の人や、70代、80代の「おばあさん」がいるのはなぜ——。

こんな疑問から始まった女性刑務所取材で、今、最も懸念しているのは、「塀の中のおばあさん」は今後もなくならないのではないかということだ。

非正規雇用の増加、未婚率や離婚率の上昇、単身化の進行、年金の給付水準の低下などから、「団塊ジュニア世代」「就職氷河期世代」や、それよりもう少し上の年代など、今の40代や50代の女性たちが、将来、貧困に陥るリスクは高いと警鐘を鳴らす研究者は少なくない。

他方、女性の平均寿命は今後も延び続け、国の研究機関の推計では、２０４５年には90歳を超える見通しだ。２０４５年には、総人口に占める65歳以上の女性の割合が２割を超える「おばあさんの世紀」が来ると予測されている。経済的な困窮や困窮への不安が受刑生活に結びつく恐れが無ではないことは、これまで見てきた通りである。

職業訓練やリカレント教育の推進、男女間や正規・非正規間の賃金格差の解消、低年金を減らすための社会保障制度の見直し、困った人への「寄り添い型」の支援体制などを早急に実現していくことが欠かせない。

刑務所に何度も来る受刑者を見て、刑務官が、「もっと若いときに教育を受けていたら、こんなに何回も来ずに済んだのに」といっているのを聞いた。若いときに、犯罪をすること以外にもっと別の世界があることに気づける教育や指導を、塀の中・外にかかわらず、できないものか。別の世界があるとわかれば、今いる場所が息苦しくてもそこから離れて別の場所に行ける。物理的にだけでなく、精神的にも、別の居場所があることを知っていれば生きづらさからの解放につながる。

親が教育熱心で、経済的にも余裕がある場合は、そうした環境を親が用意してくれる可能性が高い。しかし、そうでなくても、別の世界があることを知るチャンスを誰にでも平等に、社会が用意できないものかと思う。

また、中高年の受刑者の話を聞いていると、本人が「これじゃだめだ」「二度と罪を犯さずに更生したい」と心底実感する「年頃」があるように感じられる。40歳を過ぎて、「もう自分も若くない」と実感したときに更生を真剣に考える人が多いようだ。何歳であれ、本人が本当に立ち直りたい、これではダメだと思ったときに受ける教育や指導は効果的ではないだろうか。

もちろん、教育や指導にそんなに税金をかけるのはいかがなものかという意見もあるだろう。医療にしても、受刑者が受ける矯正医療は100%国庫負担で賄われるため、犯罪者の病気をそこまでして治してやる必要があるのかという声も聞く。しかし、本来は受刑生活の前に受けられたはずの教育や指導、医療に、何らかの理由で「つながれていなかった」ケースもあり得る。また、受刑者が話していたように、社会が税金を使ってその立ち直りを支援すれば、「社会から見捨てられているわけではない。自分も社会にいていいんだ」と受刑者が感じ、再犯から遠のく場合もあるだろう。

取材で塀の中に入り、受刑者と向き合って、「もったいない」という感情が湧いたのも事実だ。教育や雇用の機会、あるいは「寄り添い型」の支援があれば、塀の中で何年も過ごさずに済んだケースが多いように感じられたからだ。インタビューを通じて、こちらの想像を絶するような過酷な成育環境や、ちょっとした躓きから転げ落ちるようにして塀の中に来てしまった受刑者の人生模様がさまざま浮かび上がった。「もし別の環境で育っていたら」「罪を重ねる前に、別の居場所を見つけ、頼れる人物に出会えていたら」。自分の体をとことん傷つけ、心もむしばんでいくような隘路《あいろ》にはまらずに生きられたケースも多いように感じられる。本人の生活の質（ＱＯＬ）を考えても、人口減少時代に入り、「女性活躍」が望まれる今の社会状況に鑑みても、法律を破って塀の中に逃げ込んだ女性たちがそこで何年も過ごすのはあまりに残念だ。

もちろん、犯罪の陰には被害を受けた人たちがいる。その意味で、罪を犯した者に甘いことをいうのは適切でなく、いうつもりもない。しかし、受刑者の声を聞き、そこから生きづらさの正体を探り、本人だけではなく社会ができることは何かを考えない限り、「塀の中のおばあさん」とその予備軍はいつまでもなくならないのではないか、と思うのである。

# おわりに――負の回転扉をなくすには

女性受刑者や女性刑務所について書いた新聞記事を読んで、「塀の中がこんなことになっているとは」「刑務所の中で生まれて、自分も刑務所に何度も出入りする……。こんな人生があったなんて」など、読者からさまざまな反響をいただいた。

元受刑者という女性からは、「記事を読んで自分の刑務所での体験を思い出し、胸がドキドキしました。今は社会で更生しています」というお便りが届いた。

刑務所や拘置所での生活に詳しいらしい男性からは「受刑者の話が載っているが、そばに刑務官がいて本音を話すはずがない」という声が寄せられた。本音を聞きたいなら便宜をはかってあげる、その代わり、こちらの便宜も図ってくれないかという言葉が続いていたのはご愛敬だが、「本音を語るはずがない」という言葉に、確かにその通りかもしれないと思った。

ただし、塀の外で同僚や知人、友人、家族らと話している時、私たちはどれほど本音で話しているだろうか。むしろ、親しい友人や家族だからこそ話せない、本当の気持ちを伝えるのは難しい、といったこともあるのではなかろうか。

受刑者インタビューに限らないが、たとえ時間が5分や10分しかなくても、相手と初対面で、話を聞く環境が整っていなくても、限られた条件の中でどこまで話をしてもらえるかが聞き手にとっては勝負であり、話された内容や言葉のひとつひとつから、その状況下における「真実」を伝えるのが記者の仕事ではないかと私は思っている。その意味では、少なくとも自分にとっては、どの受刑者が紡ぎだす言葉も、その人の「今」を映し出す真実の言葉に思え、できるだけそのまま読者に伝えたいと思い、この本を書いた。

刑務所は閉鎖性が高く、人間関係が濃密で、自分の頭でものを考えなくても済む管理的な場所だといえる。濃密な人間関係は時としていじめなどを生むが、一般社会で見られる「完全無視」はここではあり得ない。共同生活をする以上、何らかのコミュニケーションは必要だし、少なくとも刑務官は受刑者を放っておかないからだ。ものを考えなくても済む環境は、慣れてしまえばこれほど楽なことはないかもしれない。こうした刑務所の「特質」が、再犯の増加を招いている側面もあるのではないだろうか。

出所して誰からも相手にされず、孤独感に耐えかねたとき、濃密な人間関係があった場所を人は恋しく思うかもしれない。また、社会でつらいことがあったとき、何も考えずに済む場所があれば、人はそこに逃げたいと思うかもしれない。出入所を繰り返す累犯者や、「ここが一番安心」と語る受刑者の姿にそんなことを感じた。

再入所を防ぐためには、生きづらさから逃げる道や場所が刑務所だけではなく、別の方策もあることを、できるだけ早いうちから伝えておくことが肝心だ。家庭や経済環境にかかわらず、すべての国民が受ける義務教育の段階で、挫折や失敗をしても別の世界があることを伝える教育がもっとできないものだろうかと考える。たとえば、様々な職業の大人が学校を訪れ、自らの職業体験や社会経験、挫折《ざせつ》や失敗、そこからどう立ち直ったかを語る。それは、決まりきったルート以外にも「生きる道」があることを実感させ、将来、子供たちが大人になってつらさを感じたときに、立ち直りへの一助となるのではないか。

学校教育に手をつけるのは大変だと思われるかもしれない。では、もっと簡単に別の世界を知る手立てではないものだろうか？

個人レベルで、別の世界を知る手立てはある。本を読むことだ。

本には、自分や身近にいる人とは全く違ったものの見方や考え方や、文化・風土が異なる国の情報があふれている。そんなことをいっても、本を読むのにもお金がかかるというかもしれない。本を買うお金がなければ図書館で借りればいい。そんなことをいったって、図書館に通ったり、本に触れたりする機会そのものがないんだといわれるかもしれない。しかし、義務教育で教科書に触れた人は、少なくとも本という存在に気づくことはできるはずだ。できれば周囲の誰かが本という世界があることを折にふれて伝えてくれればと思う。詩でも小説でもノンフィクションでもいい。本に接する機会をできるだけ多くもつことで、生きづらさや息苦しさに潰《つぶ》されそうになったとき、そこから距離を置き、立ち直る方法を見つけ、結果的に塀の中に来る人をできるだけ減らすことができればと願う。

なお、刑務所の「特質」と書いたが、管理的な刑務所のあり方に、最近、変化の兆しが見られる。刑法改正により、数年後には、教育や治療、指導に重点を置いた処遇が始まる予定だ。その成り行きを期待とともに注視したい。

「監獄を見れば、その国の国民性がわかる」といったのは、喜劇王として知られるチャールズ・チャップリンだ。チャップリンはまた、「監獄を見れば、その国の文化水準がわかる」として、様々な国や地域を訪れるたびに刑務所を視察したと伝えられる。

新型コロナウイルス感染症の流行、ロシアによるウクライナへの軍事侵攻、自然災害、エネルギー不足、物価上昇、格差の拡大、少子高齢化の進行など、私たちの日常は、先が見えない不透明感や不安感に満ちている。そうした生活不安や経済不安が凝縮して映し出されているように見える塀の中。そこでの様子を知ることが、翻って社会の「病理」や「歪《ゆが》み」に気づき、誰にとっても生きやすい社会づくりへの一歩につながるのではないかと感じる。

「社会を映す鏡」といわれる刑務所の中に入って鏡をのぞいたら、そこには「生きづらさ」という文字が拡大版になって映っていた――というのが、女性刑務所を取材してみての実感だ。塀の中から垣間見えた社会的な課題を、「安心の仕組み」にどうつなげていけるかを、今後も考えていければと思う。

取材にあたっては、大変多くの方にご協力をいただきました。厚く御礼を申し上げます。一人ひとりのお名前を挙げることは差し控えますが、法務省職員の山本宏一《やまもとこういち》氏と細川隆夫《ほそかわたかお》氏、早稲田大学教授の小西暁和氏には、特に謝意をお伝えしたいと思います。誠にありがとうございました。

猪熊　律子

２０２２年　冬

本書は、著者による読売新聞の連載「塀の中のおばあさん」（2019年1月21日〜2月7日）「女性刑務所」（2021年1月14日〜4月22日）などを再構成の上、大幅に加筆・修正してまとめたものです。なお、本書内の数字や名称は取材・執筆当時のものです。

**猪熊律子（いのくま・りつこ）**
読売新聞東京本社編集委員。1985年4月、読売新聞社入社。2014年9月、社会保障部長、17年9月、編集委員。専門は社会保障。1998～99年、フルブライト奨学生兼読売新聞社海外留学生としてアメリカに留学。スタンフォード大学のジャーナリスト向けプログラム「John S. Knight Journalism Fellowships at Stanford」修了。早稲田大学大学院法学研究科修士課程修了。著書に『#社会保障、はじめました。』（SCICUS）、『社会保障のグランドデザイン』（中央法規出版）、共著に『ボクはやっと認知症のことがわかった』（KADOKAWA）などがある。

# 塀《へい》の中《なか》のおばあさん

## 女性刑務所《じょせいけいむしょ》、刑罰《けいばつ》とケアの狭間《はざま》で

猪熊律子《いのくまりつこ》

2023年 3月 10日　初版発行

発行者　山下直久
発　行　株式会社KADOKAWA
〒102-8177　東京都千代田区富士見 2-13-3
電話　0570-002-301（ナビダイヤル）

装 丁 者　緒方修一（ラーフイン・ワークショップ）
ロゴデザイン　good design company
オビデザイン　Zapp!　白金正之
印 刷 所　株式会社暁印刷
製 本 所　本間製本株式会社

角川新書


ISBN978-4-04-082470-3 C0295